Denkzettel

für Ihre

Lebensqualität

Der Autor

Dr. phil. Dipl.-Ing. Helmut Huber

seit 1991	Leiter des Trainingsinstituts **helmut huber management-entwicklung** mit den Schwerpunkten Persönlichkeitscoaching, Gesundheitscoaching und Businesscoaching. Als Trainer und Coach war er in 10 Ländern Europas tätig, 18 Jahre Beirats- / Aufsichtsratsvorsitzender bei einem namhaften Projektentwickler
1979 - 1991	Beratung und Training in den Themenfeldern Kommunikation, Mitarbeiterführung, Personalbeurteilung und Auswahl, Entwicklung von Unternehmensstrategien, Coaching von Führungskräften
1962 - 1979	Studium der Geodäsie und Städtebau (Dipl.-Ing.) Wirtschafts-Ing. (Aufbaustudium ohne Abschluss) Philosophie / Psychologie (Dr.-phil.) Tätigkeiten in wissenschaftlichen Einrichtungen

Dr. phil. Dipl.-Ing. Helmut Huber

Denkzettel

für Ihre

Lebensqualität

Bibliografische Information der Deutschen Nationalbibliothek:

Die Deutsche Nationalbibliothek verzeichnet diese Publikation in der Deutschen Nationalbibliografie; detaillierte bibliografische Daten sind im Internet über http://dnb.dnb.de abrufbar.

© 2020 Dr. phil. Dipl.-Ing. Helmut Huber
Johannisstraße 13
82418 Murnau
Tel: 08841-6277300
e-mail: helmut@huber-management.de
internet: www.huber-management.de
Cartoons: Erik Liebermann

Herstellung und Verlag: BoD – Books on Demand, Norderstedt

ISBN: 9783751924634

Inhaltsverzeichnis

VORWORT	3
FITNESS IM ALTER	4
AUSSTRAHLUNG GESTALTEN	7
AUTHENTIZITÄT GESTALTEN	12
BEZIEHUNGEN GESTALTEN	17
CHARAKTERSTÄRKE	26
DENKEN	33
ERFAHRUNG	37
ERFOLGSANALYSE	41
FEEDBACKSICHERHEIT	46
FREUNDE UND GESUNDHEIT	51
FRUSTRATIONSTOLERANZ	59
GENERATIVITÄT	63
GESPRÄCHE UND PERSÖNLICHKEITSENTWICKLUNG	67
GESUNDER URLAUB	71
GEWISSHEITEN	80
GLÜCKLICH SEIN	85
HÖFLICHKEIT	89
INTUITION	92

KONFLIKT	**97**
KONTAKTFÄHIGKEIT	**105**
NEIN SAGEN	**112**
PERSÖNLICHKEIT: KONSEQUENZEN	**116**
PERSÖNLICHKEIT	**121**
POSITIVE GRUNDEINSTELLUNG	**130**
PRIORITÄTEN UND ERFOLG	**140**
RESILIENZ	**143**
SALUTOGENESE	**148**
SELBSTVERTRAUEN AUSSTRAHLEN	**171**
SELBSTVERWIRKLICHUNG	**174**
SELBSTWERTGEFÜHL – MINDERWERTGEFÜHLE	**183**
SINNORIENTIERUNG	**191**
SPIEGELNEURONEN	**196**
STRESSSTABILITÄT UND GESUNDHEIT	**201**
VERHANDELN	**210**
WAHRNEHMUNG	**216**
WORK-BALANCE	**222**

Vorwort

Während meiner Tätigkeit als Trainer, Berater und Coach habe ich mich mit vielen Fragen meiner Kunden zu Themen aus den Bereichen Persönlichkeitsentwicklung, Lebensqualität und Gesundheit auseinandergesetzt.

Dieses Know-how habe ich dann in Aufsätzen festgehalten.

Diese Aufsätze sind keine wissenschaftlichen Abhandlungen, sondern praktische Lebenshilfen unter dem Aspekt „aus der Praxis für die Praxis".

Deshalb habe ich auch bewusst auf Quellenangaben verzichtet.

Jeder Aufsatz stellt ein abgeschlossenes Kapitel abschließend dar. Jeder Aufsatz ist also, mit wenigen Ausnahmen, für sich alleine verständlich, ohne dass Sie andere gelesen haben müssen.

Sie können die Seite mit dem Cartoon und dem Denkzettel zu Ihrer Unterstützung an Ihre Pinnwand hängen.

Fitness im Alter

Wie Sie alt werden, entscheiden Sie selbst

Viele Menschen hoffen, dass äußere Umstände entscheiden, ob sie im Alter fit sind, gesund sind, glücklich sind, ihren Lebensabend genießen können usw.; d.h. ihnen ist nicht bewusst, dass sie ihre Lebensqualität im Alter weitgehend selbst gestalten können.

Eine Langzeitstudie von G.E. Vaillant (824 Männer und Frauen wurden über 60 Jahre kontrolliert beobachtet, wobei die Studie sich auf Gesunde und weniger auf Kranke konzentrierte) brachte einige spannende Erkenntnisse.

Viele der üblichen „Erklärungen" für die häufige Passivität in Bezug auf die physische und psychische Vorbereitung auf den Lebensabend wurden durch die Studie enttarnt:

Die Gene, die soziale Herkunft und die emotionale Wärme im Elternhaus, sowie das eigene Einkommen und die Möglichkeit, sich gute Ärzte leisten zu können, spielen für eine hohe Lebensqualität im Alter nur eine untergeordnete Rolle.

Wie Sie sich im Alter fühlen, hängt wesentlich davon ab, wie Sie Ihr Leben selbst gestaltet haben bzw. am Lebensabend gestalten.

Im Wesentlichen gibt es 7 Erfolgsfaktoren:

Für die **körperliche Gesundheit** sind 4 Faktoren wichtig:
- auf Rauchen verzichten,
- Alkohol in Maßen genießen,
- normales Gewicht halten und
- sich regelmäßig bewegen.

Für die psychische Gesundheit sind es im Wesentlichen 3 zusätzliche Faktoren, die die Alters-Qualität fördern:
- **Gute Partnerschaft:** Eine positive Beziehung zum Lebenspartner, gute Freunde und ein stabiles soziales

Netz zu haben, sind für einen glücklichen, erfüllten Lebensabend eine wichtige Basis.
- **Konstruktive Konfliktbewältigung:** Wenn Sie lernen, Konflikte mit minimalem emotionalen Aufwand zu bewältigen, für Probleme Lösungen zu suchen und zu finden, DI-Stress zeitnah in Eu-Stress umzuwandeln, haben Sie eine reelle Chance, schwierige Lebenssituationen im Alter besser zu bewältigen und somit insgesamt glücklicher zu leben.
- **Lebenslanges Lernen:** Ihr ursprünglicher Bildungsstand ist für die mentale Fitness und Agilität im Alter nicht so entscheidend wie Ihre Bereitschaft, ständig dazuzulernen und neugierig zu sein.

Vaillant zeigt in der Studie auf, dass die 50-Jährigen, die mindesten 5 der 7 Erfolgsfaktoren erfüllten, mit zu den 50% der 80-Jährigen gehörten, die als glücklich-gesund eingestuft wurden.

Überlegen Sie, ob es nicht Erfolgsfaktoren gibt, die Sie ergänzen können, um Ihr Alter wirklich genießen zu können.

Falls Sie Verantwortung für Kinder oder Mitarbeiter haben, gilt das natürlich auch für Ihren Umgang mit denen.

Ein Alter mit hoher Lebensqualität ist (wird) wahrscheinlich die schönste Zeit in Ihrem ganzen Leben.

Vielleicht hilft Ihnen ein Beispiel:

Ein neues (junges) Auto funktioniert.
Wie lange es funktioniert, entscheidet die Instandhaltung.

© Cartoon
Erik Liebermann

Instandhaltung hält Sie fit

Denkzettel: Fitness im Alter

- Die Fähigkeit schönes zu erkennen hält Sie jung
- Mit Schwung bleiben Sie jung
- Neugierde hält jung
- Sie sind so jung, wie Ihre Ziele
- Bleiben Sie jung, damit Sie alt werden können
- Sie bleiben solange jung, wie Sie Widerspruch vertragen
- Jung bleiben Sie, solange Sie bereit sind zu lernen
- Begeisterung hält Ihre Seele jung

Ausstrahlung gestalten

Gestalten Sie bewusst Ihre Wirkung auf andere

Wenn Sie bei einem Kontakt mit einem Gesprächspartner - egal, ob es ein Kollege, Chef, Mitarbeiter, Freund oder Verhandlungspartner ist - sicher, offen, vertrauenswürdig oder souverän wirken, d.h. wenn Sie eine positive Ausstrahlung haben, führen Sie Ihre Gespräche „auf gleicher Augenhöhe" und Sie kommen leichter zu einem für Sie positiven Ergebnis.

Die meisten Menschen gehen davon aus, dass sie, wenn sie sich sicher fühlen, auch sicher wirken. Das ist beileibe nicht so.

Selbstsicherheit meint die eigene Befindlichkeit, d.h. wie Sie sich gerade fühlen, ob Sie sich im Augenblick sicher oder unsicher fühlen.

Die Selbstsicherheit ist zu unterscheiden vom **Selbstbewusstsein**, d.h. von Ihrem Bewusstsein über Ihre aktuelle und generelle Wirkung auf andere. Wenn Sie Ihr Selbstbewusstsein systematisch entwickeln, sind Sie in der Lage, in jeder Situation - auch wenn Sie sich selbst unsicher fühlen - sicher zu wirken.

Selbstbewusstsein und damit eine positive Ausstrahlung erreichen Sie durch die bewusste Gestaltung Ihres Erscheinungsbildes. Ihr Erscheinungsbild setzt sich im Wesentlichen aus folgenden Komponenten zusammen:

- **Haltung**: Stehen Sie ruhig, aufrecht, entspannt, und verteilen Sie Ihr Körpergewicht gleichmäßig auf beide Beine. Wenden Sie Ihrem Gesprächspartner sowohl das Gesicht als auch den ganzen Körper zu.
- **Gestik**: Sie hat die Aufgabe, die gesprochenen Worte zu unterstützen. Wenn Sie keine Gestik machen, wirken Sie distanziert und unpersönlich. Wenn Sie mit

den Händen Bewegungen machen, die nicht kongruent zur Sprache sind, wirken Sie unsicher. Hängende Arme wirken passiv. Wenn Sie keine Gestik machen wollen, halten Sie die Hände sichtbar und entspannt im Gürtelbereich. Die positiv unterstützende Gestik ist immer oberhalb der Gürtellinie, die negative Gestik ist unterhalb der Gürtellinie. Es ist wichtig, dass Ihre Gesprächspartner immer - auch im Sitzen - Ihre entspannten offenen Hände sehen. Überprüfen Sie, wie ausladend Ihre Gestik sein sollte, damit Sie zu Ihnen und Ihrer Vitalität passt. Im Sitzen stützen Sie nur die Handgelenke auf, nie die Ellenbogen, dann sitzen Sie automatisch aufrecht und können auch im Sitzen Gestik machen.

- **Blickkontakt**: Sie schauen Ihren Gesprächspartner fast die ganze Zeit an. Ein angenehmer Blickkontakt dauert 3-5 Sekunden und richtet sich nur auf ein Auge Ihres Gesprächspartners. Danach wechseln Sie das Auge. Wenn wir unsicher sind oder etwas Unangenehmes oder Nachteiliges sagen müssen, neigen wir dazu, den Blickkontakt zu vermeiden. Gerade in solchen Situationen ist es wichtig, dass Sie bewusst den Blickkontakt halten.
- **Mimik**: Die Mimik bewusst situativ zu ändern, gelingt nur wenig Menschen und wirkt schnell gekünstelt. Sie können nur langfristig darauf achten, dass Sie sich eine freundliche, positive Mimik zulegen.
- **Stimme**: Achten Sie darauf, dass Sie die Vokale und die Wortendungen deutlich sprechen. Machen Sie Ihre Stimme lebendig, indem Sie sie modulieren, entweder durch die Lautstärke und/oder die Tonhöhe und/oder die Geschwindigkeit.
- **Sprechweise**: Überzeugend wirken Sie, wenn Sie langsam sprechen, kurze Sätze machen und Sinnpausen einfügen.

In einem Gespräch nimmt Ihr Gesprächspartner nur etwa 6% über die Argumente auf, die Sie ihm anbieten. 94% dessen, was er übernimmt, leitet er aus der Wirkung ab, die Sie auf ihn haben, und die hängt weitgehend davon ab, wie Sie Ihre Körpersprache gestalten. Für Ihre Überzeugungskraft ist es also viel wichtiger, wie Sie wirken, als was Sie sagen.

Der erste Eindruck prägt

Der erste Eindruck, den Ihr Gesprächspartner von Ihnen hat, beeinflusst wesentlich, wie er das Gespräch einschätzt ob er wirklich zuhört und was er übernimmt.

Gestalten Sie den ersten Eindruck bewusst. Sie haben niemals die Chance, den ersten Eindruck ein zweites Mal zu machen!

Es ist wichtig, in der Vorbereitung des Gesprächs den Einstieg, d.h. die Begrüßung, die ersten Worte und Sätze, die ersten Bewegungen und Gesten und Ihre Körperhaltung exakt vorzubereiten.

Der letzte Eindruck bleibt

Der letzte Eindruck, den Sie im Gespräch machen, beeinflusst wesentlich, wie der Gesprächspartner das gesamte Gespräch im Nachhinein bewertet und was ihm mittel- und langfristig im Gedächtnis bleibt.

Gestalten Sie den letzten Eindruck bewusst

Überlegen Sie bereits in der Vorbereitung den sprachlichen Abschluss des Gesprächs, Ihre letzten Gesten und die Art und Weise, wie Sie das Gespräch beenden.

Für jedes wichtige Gespräch gilt:

Ihre Ausstrahlung beeinflusst wesentlich Ihre Glaubwürdigkeit. Das Vertrauen, das Sie bekommen, ist weniger von der Information und den Argumenten abhängig, als vielmehr von der Wirkung Ihrer Persönlichkeit.

Wichtig ist, dass Sie systematisch Ihre Ausstrahlung in Ihrem Sinne gestalten. Sie sollten mindestens einmal im Jahr

Ihr Erscheinungsbild, Ihre Ausstrahlung und damit Ihre Wirkung auf andere mit einer Videoaufnahme überprüfen.

Die meisten Menschen sind überrascht, wie groß die Differenz ist, zwischen ihrem Eigenbild, d.h. dem Eindruck, den Sie selbst von sich haben, und ihrem Fremdbild, d.h. dem Bild, das andere von ihnen haben.

Ihre Ausstrahlung bestimmt wesentlich Ihren Erfolg im Leben.

© Cartoon
Erik Liebermann

Gestalten Sie bewusst Ihre Ausstrahlung

Denkzettel: Ausstrahlung gestalten

- Der Einstieg orientiert die Wahrnehmung
- Der Abschluss prägt die Erinnerung
- Bei Start und Landung angeschnallt
- Sie sind so jung, wie Ihre Ausstrahlung
- Wenn Sie Selbstvertrauen ausstrahlen, trauen auch andere Ihnen etwas zu
- Ihr Ausstrahlung hängt wesentlich davon ab, was Sie über sich selbst denken
- Gelassenheit ist eine wichtige Komponente Ihrer Ausstrahlung
- Lächeln macht Sie attraktiv

Authentizität gestalten

Können Sie sich wirklich authentisch verhalten?

Authentisch sein bedeutet, sein Verhalten an der eigenen Persönlichkeit, zu orientieren. Unser Verhalten wird dabei wesentlich von unseren eigenen Bedürfnissen und den Ansprüchen an uns selbst gesteuert.

Vielen Menschen ist nicht bewusst, dass Sie selbst zur Entwicklung Ihrer Persönlichkeit wenig beigetragen haben. So sind z.B. ihre Bedürfnisse - wie Familie haben, Freunde haben, Anerkennung bekommen usw.- in ihrer frühen Kindheit durch Vererbung und die Prägung in der Familie für Sie unbewusst entstanden.

Ähnlich ist es mit den Ansprüchen an sich selbst; z.B. treu sein, ehrlich sein, anderen helfen usw. Diese werden in der späteren Kindheit durch die Sozialisation durch die Eltern, die Schulen, die Gesellschaft usw. ohne bewusstes Zutun der Betroffenen entwickelt.

Menschen, die nie bewusst die Entwicklung Ihrer eigenen Persönlichkeit reflektiert und eigenverantwortlich geändert haben, können letztlich wichtige Ausprägungen Ihrer Persönlichkeit gar nicht selbst verantworten. Die Ausprägung ihrer Persönlichkeit ist lediglich ein Produkt ihrer Herkunft und ihres sozialen Umfeldes.

Wenn Sie Ihr Verhalten dann an diesem unbewusst übernommenen Wertsystem (= Bedürfnisse und Ansprüche) orientieren, ist das zwar authentisch, aber es ist letztlich nur eine verliehene Persönlichkeit, die Sie authentisch vertreten. Sie sind letztlich nur Systemagent Ihrer gesellschaftlichen Provenienz und Passung.

Entscheidend ist nicht, was Ihre Erziehung aus Ihnen gemacht hat. Entscheidend ist, ob Sie bereit sind, das, was sich durch Ihre Sozialisation bei Ihnen manifestiert hat, zu reflektieren und falls sinnvoll, verantwortet zu ändern.

Wie können Sie Ihre eigene authentische Persönlichkeit entwickeln?

Ihre Bedürfnisse dienen dazu, Ihr physisches, psychisches und soziales Überleben zu garantieren. Reflektieren Sie systematisch Ihre eigenen Bedürfnisse und überlegen Sie, wie sinnvoll sie aus Ihrer eigenen Sicht sind.

Einige Beispiele für die Reflektion von Bedürfnissen:
- Wenn Sie Selbstwertgefühl haben, brauchen Sie keine Anerkennung.
- Stärken Sie Ihr Selbstwertgefühl (z.B. durch tägliche Erfolgs- oder Mut-Analysen) und Sie können sich viel Aufwand sparen, den Sie treiben müssen, um von Anderen Anerkennung zu bekommen.
- Gute Freunde sind wichtig für Ihre Persönlichkeitsentwicklung.
- Pflegen Sie bewusst Ihre Freundschaften mit Menschen, die kritisch sind, eine andere Meinung haben als Sie selbst und die Ihnen offenes Feedback geben. Sie sind die besten Sparringspartner für Ihre eigene Persönlichkeitsentwicklung.

Konzentrieren Sie sich auf das Wichtige

Perfektionismus konzentriert sich auf das Unwichtige. Es macht keinen Sinn, etwas schöner, besser oder genauer zu machen als notwendig. Ein Ergebnis muss nicht so gut wie möglich, sondern gut genug sein.

Gelassenheit schafft Würde

Um gelassen reagieren zu können ist es wichtig, dass Sie Ihr Selbstwertgefühl stärken (z.B. durch ein Erfolgs- und/oder Mut-Tagebuch). Nach einer ungeeigneten Spontanreaktion können Sie internalisieren, dass Sie bei nächster Gelegenheit überlegter reagieren.

Misstrauen, Arroganz, Eitelkeit, Eifersucht, Neid, Geiz, Eitelkeit, Bosheit, Nörgeln, autoritäres Verhalten usw., stellen Kompensationen von reduziertem Selbstwertgefühl dar.

Verzichten Sie einfach auf solche Komponenten Ihrer Persönlichkeit

Ihre Ansprüche an sich selbst - auch bürgerliche Tugenden genannt - dienen dazu, Ihre Passung in die Gesellschaft zu erreichen. Überlegen Sie auch hier, welche Auswirkungen die einzelnen Tugenden haben.

Einige Beispiele für die Reflektionen von Ansprüchen:

Hilfe zur Selbsthilfe

Wenn Sie Menschen helfen, machen Sie diese hilflos. Es ist in der Regel besser, Hilfe zur Selbsthilfe zu leisten, damit der Betroffene sich weiterentwickeln kann.

Höflichkeit schafft soziale Distanz

Soziale Nähe bekommen Sie, wenn Sie auf Selbstdarstellung verzichten und sich dafür für Ihre Partner, Kollegen usw. wirklich interessieren.

Mitleid schadet Ihnen und dem Betroffenen

Wenn Sie jemand, der eine schwierige Situation erlebt, Mitleid spenden, verstärkt sich bei ihm der Eindruck, dass es ihm wirklich schlecht geht und er wird weniger bereit sein, aktiv zu werden, um aus der Situation herauszukommen. Für Sie heisst es, dass noch andere kommen werden und Sie zum Mülleimer für alle Leidenden werden. Stattdessen ist es besser, im Sinne von „Hilfe zur Selbsthilfe" den Betroffen anzuregen, sein Problem selbst aktiv anzugehen

Erziehung braucht Ziele

Viele Eltern geben sich sehr viel Mühe, ihren Kindern viel Zeit zu schenken, viele Aktivitäten anzubieten, ihnen ein angenehmes, abwechslungsreiches Leben zu bieten usw.

Wichtig ist, dass Sie sich überlegen, welche Persönlichkeitsmerkmale ihr Kind einmal haben soll; z.B. eigenverantwortlich, konfliktfähig, selbstständig, konstruktiv kritisch usw. und dass Sie diese Komponenten bewusst in Ihre Aktivitäten einplanen.

Vorbilder müssen von morgen sein

Viele Erwachsene leben das vor, was sie selbst erfolgreich gemacht hat. Junge Menschen brauchen ganz andere Eigenschaften für ihren Erfolg. Es ist wichtig das vorzuleben, was in Zukunft erfolgreich macht.

Alle Komponenten Ihrer Bedürfnisse und Ihres eigenen Anspruchs, die Sie reflektiert haben, verlagern Sie in den eigenverantwortlichen Bereich Ihrer Persönlichkeit, und das gibt Ihnen die Möglichkeit, Ihr Handeln daran zu orientieren.

Erst wenn Sie Ihr Wertsystem und damit Ihre Persönlichkeit eigenverantwortlich gestaltet haben, können Sie authentisch handeln.

(Weitere Ansprüche und Bedürfnisse, die Sie auf ihre Inhalte überprüfen können, finden Sie im Aufsatz „Persönlichkeit".)

© Cartoon Erik Liebermann

Nur mit einer eigenen Persönlichkeit können Sie authentisch sein

Denkzettel: Authentizität gestalten

- Ihre Erziehung prägt Ihr Verhalten
- Ein eigenes Wertsystem lässt Sie verantwortlich handeln
- Authentisch sein heißt, sein Wertsystem selbst zu gestalten
- Ihr eigenes Wertsystem schafft Ihre Persönlichkeit
- Ersetzen Sie Höflichkeit durch Wertschätzung
- Nicht reflektierte Einstellungen sind Ihre Tyrannen
- Nur mit einer eigenen Ethik können Sie authentisch sein
- Schwache brauchen Anerkennung - Starke suchen Kritik
- Verlassen Sie die Ruinen Ihrer Erziehung und gestalten Sie Ihre Persönlichkeit selbst

Beziehungen gestalten

Gestalten Sie Ihre langfristigen Beziehungen verantwortet

Verliebtsein entsteht durch eine Hormonschüttung, die Menschen passiert und der wir ausgeliefert sind. Die Wirkung dieser Hormone lässt nach einiger Zeit nach und wir müssen entscheiden ob wir aus dem Verliebtsein eine verantwortet gestaltete Beziehung machen wollen.

Nur partnerschaftliche Beziehungen gewährleisten, dass beide Partner in der Beziehung zufrieden sind und ein erfülltes Leben führen können.

Eine partnerschaftliche Beziehung setzt voraus, dass beide Partner soweit möglich, eigenständig sind, sich gleichwertig fühlen und auch ohne den anderen leben könnten. Unabhängig davon suchen beide Partner bewusst eine sinnvolle Menge von gemeinsamen Zielen, Interessen usw., um neben dem eigenständigen, individuellen Leben das gemeinsame Leben verantwortet gestalten zu können.

Sowohl die individuellen als auch die gemeinsamen Lebensinhalte sollten regelmäßig überdacht und bewusst geändert werden, um die Lebendigkeit der Beziehung zu erhalten.

Beim Ungleichgewicht der Persönlichkeiten der beiden Partner entstehen symbiotische Beziehungen. Symbiotische Beziehungen sind in der Regel nicht geeignet zu gewährleisten, dass die Beziehung bzw. die einzelnen Partner sich biophil weiterentwickeln.

Viele suchen den Partner, der zu ihnen passt oder den Sie lieben können. Wenn sich dann ein Partner nicht so verhält, wie wir es von ihm erwarten, sind wir enttäuscht – häufig versuchen wir dann, ihn zu verändern oder hoffen, dass wir schon mit ihm zurechtkommen werden.

Selbst der richtige Partner für den anderen zu sein, ist wichtiger, als den richtigen Partner zu finden.

Machen Sie sich bewusst, dass Sie nur sich ändern können, nicht den Partner,

Wenn Sie sich fragen:
- Was kann ich tun, dass mein Partner mit mir zufrieden ist
- Wie muss ich mich ändern, dass unsere Beziehung besser wird usw.

haben Sie eine große Chance, eine erfüllte Beziehung zu gestalten.

Eine partnerschaftliche Beziehung entsteht dadurch, dass zwei autonome Menschen Gemeinsamkeiten suchen, um ihr Zusammenleben bewusst zu gestalten. **Die Verliebtheit und die sexuelle Attraktivität des Partners tragen eine Beziehung nur relativ kurz.**

Anschließend muss dieser emotionale Sturm in eine bewusst gestaltete Partnerliebe umgewandelt werden.

Dies kann geschehen durch:
- Gemeinsame Ziele / Interessen
- Gemeinsame Rituale
- Interesse am Partner
- Gemeinsame Freunde
- Gegenseitige Loyalität
- Konstruktiver Umgang mit Konflikten
- Partnercoaching
- Sozial verträgliches Verhalten

Gemeinsame Ziele / Interessen

Neben den je eigenen Zielen der Partner, die für ihre Autonomie wichtig sind, müssen die beiden gemeinsame Ziele / Interessen finden bzw. erarbeiten, die die beiden verbinden und wesentlich zur Stabilität der Beziehung beitragen.

Beispiele für solche gemeinsamen Ziele sind:

Gemeinsam

- Kinder großziehen
- ein Haus bauen
- einen Garten gestalten
- gemeinsam etwas sammeln
- ein soziales Engagement eingehen
- usw. usw.

Gemeinsame Rituale

Rituale geben Beziehungen Sicherheit und führen zu förderlichen Gewohnheiten:

Zum Beispiel:

- Informieren Sie sich morgens gegenseitig mindestens über 1 Punkt Ihres Tagesprogramms!
- Erzählen Sie am Abend primär Positives von Ihren Tageserlebnissen!
- Erzählen Sie irgendetwas, was Sie an dem Tag gelernt haben!
- Führen Sie jeden Abend ein ca. 30-minütiges entspannendes Gespräch!
- Erinnern Sie sich regelmäßig an schöne Erlebnisse aus Ihrer gemeinsamen Zeit!
- Pflegen Sie jeden Tag mindestens 5 Minuten Körperkontakt!
- Wenn Ihr Partner sich über etwas beklagt, suchen Sie unmittelbar nach Lösungen!
- usw.

Interesse am Partner

Interesse meint, das Sie sich in den Partner hineindenken und hineinfühlen, das meint, dass Sie sich vergewissern, was Ihm wichtig ist, was ihm Spaß macht usw.

Zum Beispiel:

- Wer sind seine besten Freunde?

- Welche Musik, Musikgruppe, welchen Komponisten mag er gerne?
- Welchen Film, Schauspieler mag er gerne?
- Welche Art von Urlaub mag er gerne?
- Was war gestern für ihn sehr wichtig?
- Welches Tier, welche Pflanze liebt er?
- Welche Ziele, Visionen, Träume hat er?
- Was kann, weiß er besonders gut?
- Worauf ist er besonders stolz?
- Was macht ihn sexuell an?
- Was isst, trinkt er besonders gerne?
- Welche Praktiken, Tageszeit mag er beim Sex am liebsten?
- Was macht ihm Angst?
- usw., usw.

Jedes dieser Themen bietet Ihnen dann die Möglichkeit z.B. beim Fernsehen, beim Stadtbummel, bei einer Veranstaltung, mit Ihrem Partner positiven Kontakt aufzunehmen.

Gemeinsame Freunde

In eine Beziehung bringt in der Regel jeder seine Freunde mit – behalten Sie diese! (Es ist wichtig, dass jeder auch seine eigenen Freunde hat.)

Ein Teil der „eingebrachten" Freunde kann häufig zu gemeinsamen Freunden werden.

Darüber hinaus: bauen Sie sich ein Netzwerk von gemeinsamen biophilen Freunden auf! Biophil sind Menschen mit einer lebensbejahenden Grundeinstellung, mit denen es schön ist, einen Abend oder auch einen Urlaub zu verbringen, und mit denen es bereichernd ist, sich auszutauschen.

Suchen Sie Freunde aus, die andere Meinungen, Ansichten, Einstellungen usw. haben, das hält Sie selbst und Ihre Beziehung lebendig.

Erweitern Sie Ihren Freundeskreis um Menschen, die aus anderen Kulturen oder ideologischen Richtungen kommen.

Gegenseitige Loyalität

Partner müssen sich in der Außenwirkung aufeinander verlassen können. Sie müssen sicher sein, dass ihnen ihr Partner nicht in den Rücken fällt.

Wenn Sie den Eindruck haben, dass der Bericht Ihres Partners über ein gemeinsames Erlebnis nicht richtig ist, verzichten Sie auf eine Korrektur! Machen Sie sich bewusst, dass das nicht bedeuten muss, dass er lügt-es ist. Viel wahrscheinlicher ist, dass er diese Situation einfach anders wahrgenommen oder im Gedächtnis hat.

Oder, wenn Ihr Partner mit jemand Ärger hat und Sie sind anderer Meinung, unterstützen Sie Ihn trotzdem! usw.

In einer Beziehung darf es nicht darum gehen, was richtig, wahr oder real ist, sondern nur darum, welche Beziehung Ihnen wichtiger ist – die zum eigenen Partner oder die zu einem Dritten.

Konstruktiver Umgang mit Konflikten

Konflikte sind in einer Beziehung sinnvoll und nützlich.

Die Vermeidung unnötiger Konflikte und die Bewältigung notwendiger und sinnvoller Konflikte mit minimalem emotionalem Aufwand sind eine der wichtigsten Garanten für eine langfristige positive Beziehung.

Wichtige Grundgedanken sind:

- Den emotionalen Aufwand minimieren
- Notwendige Konflikte nach dem Win-Win-Prinzip endgültig bewältigen
- Aggressionen vermeiden
- Personale Verletzungen vermeiden

Um Konflikte konstruktiv zu bewältigen, ist es hilfreich, sich in die Wirklichkeit des Partners zu versetzen. Nach dem Motto: **Es gibt meine Wirklichkeit, die Wirklichkeit meines Partners und die tatsächliche Wirklichkeit (d.h. die Realität).**

Konfliktgespräche

Bei Konfliktgesprächen - das bedeutet, dass unterschiedliche Wertsysteme kollidieren - geht es darum zu erkennen, wo der Partner einen ihm unbewussten Beweggrund hat, dem er ausgeliefert ist, d.h. wo er eine andere Wirklichkeit erlebt als Sie selbst.

Folgende Vorgehensweise bietet die Chance für ein Streitgespräch ohne Eskalation:

Partner A: Ich versuche darzustellen, warum das, was ich getan habe, Dich so sehr geärgert bzw. verletzt hat.

Sie sprechen so lange, bis der Partner uneingeschränkt „ja" sagt.

Partner A: Versuch Du jetzt bitte darzustellen, warum Du glaubst, dass mir das so wichtig war, was ich getan habe!

Sie bestätigen erst, wenn Ihr Partner Ihr Konfliktpotenzial getroffen hat.

Diese Vorgehensweise können Sie Punkt für Punkt iterativ so fortsetzen.

Bei der Konfliktbewältigung gibt es nur Entscheidung da, Kompromisse nicht lange halten.

Problemgespräche

Bei Problemgesprächen kollidieren unterschiedliche Interpretation desselben Sachverhalts.

In der Regel können Sie sich bei einem Problem auf einen Kompromiss einigen.

Folgende Vorgehensweise bietet die Chance für einen tragfähigen Kompromiss:

- Vermeiden Sie Wertungen, d.h. verwenden Sie in dem Gespräch ZDF (Zahlen, Daten, Fakten)
- Wenn Ihr Partner Wertungen verwendet, hinterfragen Sie so lange, bis Sie ZDF haben!
- Hören Sie aktiv zu!
- Verwenden Sie Ich-Botschaften!
- Vermeiden Sie Meinungen!
- Machen Sie nicht das schlecht, was dem Partner besonders wichtig ist!
- Machen Sie nicht das schlecht, worauf der Partner besonders stolz ist!
- Formulieren Sie alles positiv!
- Verzichten Sie auf dominante Akte
- Verzichten Sie auf Unterwerfungen

Partnercoaching

Wenn in einer langfristigen Beziehung sich nur einer der Partner verändert, führt das in aller Regel zu Konflikten.

Deshalb ist es wichtig, dass Partner sich bei Ihren Veränderungsprozessen gegenseitig coachen; d.h.:

- Sich gegenseitig auf Veränderungen hinweisen
  (Sie können Veränderungen bei sich selbst häufig nicht erkennen)
- Sich gegenseitig bei gewollten Veränderungen unterstützen
- Sich für Verhalten - vor allem gegenüber dritten - Feedback geben
- Bewusste Veränderungen absprechen oder vereinbaren

Sozial verträgliches Handeln in Beziehungen

Sozial verträgliches Handeln meint:

- Seien Sie egoistisch - aber nie auf Kosten Ihres Partners!
- Denken und handeln Sie alterozentriert! D.h. haben Sie bei allen Aktivitäten Ihren Partner gedanklich im Mittelpunkt.
- Holen Sie sich ständig Feedback!
- Hören Sie aktiv zu! - Wer spricht, lernt nichts!
- Schaffen Sie zu Ihrem Partner eine Vertrauenskultur!
- Verhalten Sie sich berechenbar!
- Verzichten Sie auf „Recht-haben-Wollen" und „Recht-bekommen"!
- Üben Sie konstruktive Kritik!
- Geben Sie Ihrem Partner Feedback

© Cartoon Erik Liebermann

Gestalten Sie Ihre Beziehungen verantwortet

Denkzettel: Beziehungen gestalten

- Festhalten bedeutet Abhängigkeit – Loslassen bedeutet Freiheit
- Eine Beziehung muss jeden Tag neugestaltet werden
- Jede Beziehung braucht Rituale
- Beziehungen müssen lebendig sein und gepflegt werden
- Nur wer sich selbst liebt, den finden andere liebenswert
- Pflegen Sie gemeinsam Ihre positiven Erinnerungen
- Gemeinsamkeit ist der Klebstoff der Beziehung
- Achtsamkeit und Vertrauen sind die Basis jeder Beziehung

Charakterstärke

Charakter ist die Berechenbarkeit eines Menschen im Rahmen der im sozialen Umfeld gemeinsam gültigen Vorurteile.

„Ein starker Charakter ändert sich nicht." können Sie häufig hören.

Im Gegenteil: Gerade ein starker Charakter entwickelt sich ständig eigenverantwortlich weiter. Er ändert sich nicht, weil etwa die Umstände ihn zwingen oder weil irgendjemand, z.B. eine Organisation, die Familie usw. es verlangen, sondern weil er selbst es will.

Die Gretchenfrage in der Psychologie lautet: „Wann und wie kann der Mensch sich ändern?" Die Forschungsergebnisse sagen eindeutig:

Bis zu seinem ca. 50. Lebensjahr kann ein Mensch sich ändern, wenn und weil er es will. D.h., wenn jemand, der unter 50 ist, sagt „Ich will mich nicht ändern", dann lassen Sie ihn in Frieden. (Es macht keinen Sinn, jemanden gegen seinen Willen ändern zu wollen.) Wenn jemand sagt: „Ich kann mich nicht ändern", dann helfen Sie ihm im Sinn von Hilfe zur Selbsthilfe.

Nach dem 50. Lebensjahr bedarf es für eine wesentliche Änderung der Persönlichkeit einer Krise (z.B., wenn ein Kind oder ein Partner stirbt) oder einer Katharsis (z.B. Treffen mit einer spirituellen Persönlichkeit oder einem Coach). Wenn Sie eine Krise nicht als Katastrophe, sondern als Chance erleben, kann das der Einstieg in eine kreative Phase sein.

Nach einer Änderung der Situation, z.B. Scheidung, Heirat, Umzug, in einem neuen Job, in einem neuen Freundeskreis, in einer neuen Liebe usw., ändern sich viele Menschen -unabhängig von ihrem Alter- oft radikal. In einem Unternehmen genügt es oft, einen unverträglichen Mitarbeiter in einen anderen Bereich des Unternehmens zu versetzen, und die Zusammenarbeit mit anderen klappt wieder.

Meist versuchen Eltern vergeblich, mit autoritärem Verhalten die Persönlichkeitsmerkmale ihrer heranwachsenden Kinder zu beeinflussen.

Ab Beginn der Pubertät lassen sich die Heranwachsenden jedoch mehr von ihren gleichaltrigen Freunden beeinflussen als von Autoritäten. Wenn Sie daher Einfluss auf das Wertesystem Ihrer Kinder nehmen wollen, sollten Sie sie animieren, in einen entsprechenden Verein, Freizeitgruppe, Clique zu wechseln. Eine andere Möglichkeit besteht darin, zu einem guten Freund des Betroffenen Kontakt aufzunehmen, um über diesen eine Änderung zu erreichen (das funktioniert auch bei erwachsenen „Sturköpfen").

Etwa 50% der Menschen verharren in sich, sehen keinen Anlass sich zu ändern - häufig, weil sie subjektiv mit sich zufrieden sind und Herausforderungen aus dem Wege gehen wollen. Ein erfülltes Leben sieht anders aus.

Wenn Sie bei sich selbst etwas ändern wollen, ist es hilfreich, sich einen guten Freund oder Kollegen als Sparringspartner auszusuchen, mit dem Sie Ihre Ziele, Ihre Fortschritte diskutieren, von dem Sie Feedback bekommen, der Sie erinnert und motiviert. (Der Ehepartner ist dazu in der Regel selten geeignet.)

Eltern und Führungskräfte sollten nicht nur empathisch mitfühlen, sondern sollten Coach für die Zukunftsbewältigung der Ihnen Anvertrauten werden und diese anregen, sich ständig weiterzuentwickeln.

Änderung des eigenen Charakters

Es macht wenig Sinn, Ihren Charakter ändern zu wollen – mit dem größten Teil sind Sie ja doch zufrieden. Es geht also in der Regel darum, Teile Ihres Verhaltens oder Ihrer Einstellungen zu ändern.

Wenn Sie gar nichts finden, was Sie bei sich selbst ändern sollten, dann sind Sie ein psychischer Zombie und haben einfach beschlossen, vollendet zu sein. Fragen Sie mal ein paar gute Freunde, wenn Sie noch welche haben.

Jede Situation, die Sie erleben, wirkt sich sowohl auf Ihr Verhalten als auch auf Ihre Gefühle, als auch auf Ihre Gedanken aus. Darüber hinaus beeinflussen Ihr Verhalten, Ihre Gefühle und Ihre Gedanken sich gegenseitig.

Dieser Zusammenhang stellt sich im Reaktionsdreieck folgendermaßen dar:

Reaktionsdreieck

Reaktionsdreieck Beispiel: Widerspruch

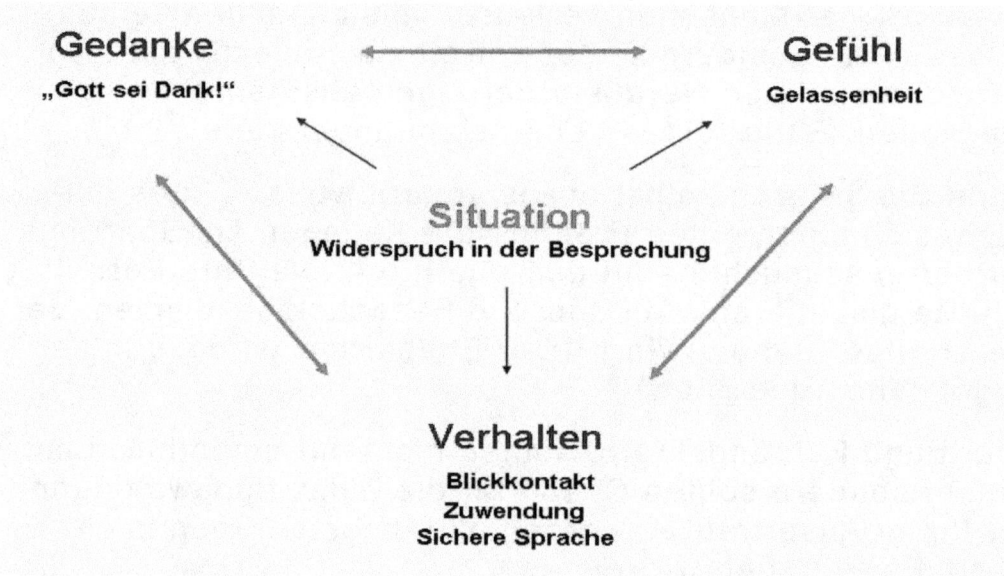

In einer Besprechung widerspricht Ihnen ein Kollege.

Ihre Gedanken könnten sein: **„Gott sei Dank"**. (Jetzt kann ich zeigen, dass ich gut bin.)

Ihr Gefühl wird dann **Gelassenheit** sein.

Ihr Verhalten wird dann wahrschlich sein: Sie sehen Ihn an, Sie wenden sich ihm zu, Sie verwenden eine klare, deutliche Sprache; d.h. Sie wirken „**sicher**".

Das Reaktionsdreieck gilt auch für zukünftige Situationen.

**Reaktionsdreieck Beispiel:
Sie haben in der nächsten Zeit eine Präsentation**

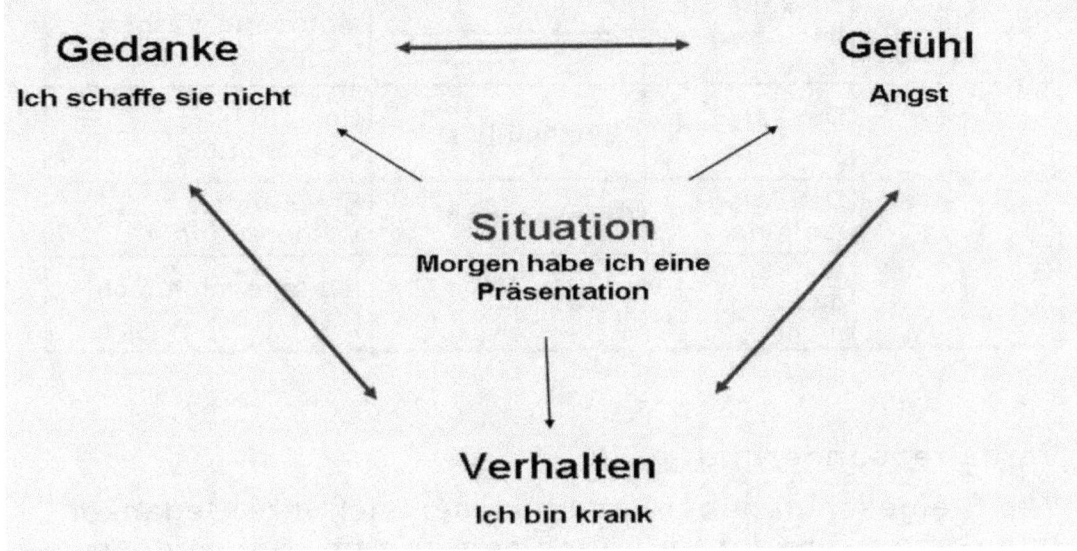

Ihre Gedanken könnten sein: „**Ich schaffe sie nicht**"

Ihr Gefühl wird dann sein: **Angst** und Ihr Verhalten wird wahrscheinlich sein: **Stress**:

Ihr Gedächtnis funktioniert in der Vorbereitung nicht und/oder Sie werden **krank**.

Verhaltensdreieck: Präsentation Alternativen

Situation	Gedanke	Gefühl	Verhalten
Morgen habe ich eine Präsentation	Ich schaffe sie nicht	Angst	Ich bin krank
	Ich werde versagen	Depression	Da gehe ich nicht hin
	Der XY greift mich an	Wut	Dem zeige ich es
	Da kann ich mich beweisen	Freude	Motivierte Vorbereitung
	Das ist Routine	Gleichgültigkeit	Unmotivierte Vorbereitung
	Das krieg ich hin	Gelassenheit	Entspannte Vorbereitung
	Ich kenne das Ziel nicht	Verwirrung	Ich lege mich nicht fest

Verhaltensänderung

Wie Sie gesehen haben, beeinflussen sich Ihre Gedanken, Ihre Gefühle und Ihr Verhalten gegenseitig. Das bedeutet, wenn Sie **bewusst** eine der drei Komponenten ändern, ändern sich die anderen beiden Komponenten ebenfalls; d.h. wenn es Ihnen leichter fällt, Ihre Gedanken bewusst zu ändern oder Ihre Gefühle bewusst zu ändern, oder Ihr Verhalten bewusst zu ändern, dann ist das der für Sie jeweils leichteste und erfolgreichste Weg, Ihr eigenes Verhalten zu eigenverantwortlich ändern

Wenn Sie im Sinne einer Selbstreflexion analysieren, welche der drei Komponente des Reaktionsdreiecks Sie mit dem geringsten Aufwand ändern können, dann haben Sie einen Weg gefunden, wie Sie nicht nur Ihr Verhalten, sondern auch Ihre Einstellungen ändern können.

Mit dieser Vorgehensweise können Sie Ihr Verhalten und Ihre Einstellungen selbstbestimmt gestalten d.h. Ihren Charakter eigenverantwortlich ändern.

Diese Strategie zur Verhaltensänderung können Sie sinngemäß bei Menschen anwenden, für die Sie Verantwortung tragen und denen Sie bei einer Weiterentwicklung ihres Charakters helfen wollen.

Verantworten Sie Ihren eigenen Charakter

Denkzettel: Charakterstärke

- Zum Lernen ist es nie zu spät – es ist immer höchste Zeit
- Charakterstarke entwickeln ihre Möglichkeiten
- Charakterstarke sind Originale – nicht Kopien
- Charakterstarke gehen ihren Weg und lassen andere reden
- Charakterstarke entfalten ständig ihre Persönlichkeit
- Charakterstarke suchen Herausforderungen, um zu wachsen

Denken

Ich denke, also bin ich so

Über unser Denken denken wir in der Regel nicht sehr viel nach.

Wie wir denken, ist eine Gewohnheit, die wir uns im Laufe unseres Lebens angeeignet haben. Sie entscheidet aber wesentlich darüber, welche Persönlichkeit wir entwickelt haben bzw. wie wir uns verhalten.

Es gibt verschiedene Arten des Denkens, die sich direkt auf unser Sein auswirken (oder umgekehrt):

Problemdenken

Ein Problem oder eine Schwierigkeit können wir weder sehen, hören, riechen, anfassen, schmecken oder riechen, d.h. wir können es nicht wahrnehmen, d.h. nur unsere Gedanken machen diese Situation zu einem Problem.

Viele Menschen haben ihren Verstand darauf getrimmt, bei neuen Situationen zu überlegen, warum die neue Situation schwierig oder problematisch ist. In der Regel sind die jeweiligen Gründe oder Bedenken für sie selbst so überzeugend, dass sie nicht erkennen können, dass es sich lediglich um ein selbst gelerntes Problemdenken handelt. Sie blockieren sich damit, neue Situationen konstruktiv anzugehen.

Oft hat das Suchen nach Gründen, warum etwas nicht geht oder (zu) schwierig ist, allein den Zweck, nicht aktiv zu werden und handeln zu müssen. D.h. viele Menschen pflegen - oft unbewusst- ihr negatives Denken, weil das häufig sehr bequem ist, und sie nicht aktiv werden müssen

Menschen, die sich Problemdenken angewöhnt haben, haben weniger Chancen, Komponenten der Lebensqualität, wie Selbstverwirklichung, Selbstwirksamkeit, Erfolg, Glück usw. zu erreichen oder sie erreichen sie nur mit wesentlich mehr Aufwand.

Nachdenken

Beim Nachdenken werden Inhalte, Meinungen, Wertungen usw., die wir hören oder sehen, mehr oder weniger unreflektiert übernommen und in die eigene Erfahrungswelt integriert. Die Gefahr des „Nach"-denkens ist besonders groß, wenn uns die Menschen, die Zeitung, der Fernsehsender, die Partei usw. sympathisch sind, wir sie respektieren oder eine hohe Meinung von ihnen haben, usw. (Die Gefahr dieses Nachdenkens ist besonders groß, wenn in einem Unternehmen die Vorbildfunktion der Vorgesetzten als Ideal propagiert wird. D.h. um selbst denkende, mündige Mitarbeiter zu bekommen muss eine Führungskraft Widerspruch fordern und belohnen.)

Je mehr und öfter Menschen die Meinungen anderer übernehmen, ohne das Für und Wider, die möglichen Alternativen usw. zu durchdenken, desto angepasster, durchschnittlicher und normaler (normal meint, die Vorurteile des sozialen Umfelds zu teilen) werden sie. Sie haben kaum eine Chance, Autonomie oder Eigenverantwortlichkeit zu entwickeln oder von anderen geachtet zu werden.

Kritisches Denken

Je mehr Sie darauf verzichten, die Gedanken anderer einfach nachzudenken oder sie unreflektiert zu übernehmen, desto größer ist Ihre Chance, einen eigenen unabhängigen Denkstil zu entwickeln. Nur, wenn Sie konstruktiv kritisch denken, können Sie eigene Bewertungskriterien, Entscheidungskriterien, Meinungen und Überzeugungen erarbeiten, und schaffen damit die Grundlage für Ihr autonomes Sein. Je mehr Freunde Sie pflegen, die eine andere Meinung oder Einstellung haben, desto mehr wird sich Ihre Persönlichkeit entwickeln. Einen Abend mit Freunden, an dem alle einer Meinung sind, ist zwar ein angenehmer, aber auch ein für Ihre Entwicklung verlorener Abend.

Lösungsdenken

Lösungsdenken ist die Komponente des kritischen Denkens, die für Situationen, die auf uns zukommen, Lösungen sucht. Für die Aufgabe, unsere Alltagssituationen unser Leben zu bewältigen, haben wir letztlich unseren Verstand bekommen.

Wenn Sie Lösungsdenken lernen wollen, können Sie folgendes tun:

Lösungsdenken können Sie nicht lernen, wenn Sie über Vergangenes oder über Situationen nachdenken, die Sie nicht ändern können. Lösungsdenken können Sie nur lernen, wenn Sie über Dinge nachdenken, die Sie ändern wollen.

- Wenn für Sie die Notwendigkeit besteht, unbedingt eine Lösung zu finden, ist Ihre Kreativität stark eingeschränkt. Nachdem Sie eine Lösung gefunden haben oder eine Strategie entwickelt haben, durchdenken Sie Alternativen, dann steht Ihnen wieder Ihre volle Kreativität zur Verfügung.

- Überlegen Sie bei bevorstehenden Handlungen, wie ein Mensch, der Ihnen sympathisch ist und den Sie für sehr „stark", „mutig" oder „risikobereit" einschätzen, handeln würde.

- Wenn Sie vergangene Situationen analysieren, überlegen Sie immer, wo Sie erfolgreich, mutig, ungewohnt oder überraschend gehandelt haben und entwickeln daraus Strategien für die Zukunft.

- Machen Sie täglich Erfolgsanalysen.

- Gehen Sie kalkulierbare Risiken ein.

Wenn Sie Ihr Lösungsdenken systematisch verbessern, werden Sie mehr Erfolge, mehr Freude, mehr Glück usw. erleben, und das bedeutet mehr Lebensqualität.

© Cartoon Erik Liebermann

Nur wer in Lösungen denkt, denkt

Denkzettel: Denken

- Zu überlegen, warum etwas nicht geht, ist vergeudeter Denkaufwand
- Noch kein Problem dieser Welt wurde je durch Bedenken gelöst
- Lösungsdenken heißt: Auch mit schlechten Karten gut spielen
- Lösungsdenker haben einfach mehr vom Leben
- Ihrer Lösung ist es egal, welches Problem erfunden wurde
- Bedenken verhindern Lösungen
- Denken Sie nur über Dinge nach, die Sie ändern wollen
- Nur mit Lösungsdenken werden Sie erfolgreich

Erfahrung

Wenn Sie etwas häufig oder jahrelang gemacht haben, haben Sie noch lange keine Erfahrung, Sie haben lediglich Routine.

Erfahrungen sind Lernprozesse aus eigenen Erlebnissen.

Ob Ihre Erfahrungen für Ihr zukünftiges Leben **förderlich** sind, hängt wesentlich von Ihrer Persönlichkeit und Ihrer Einstellung zu den jeweiligen Erlebnissen ab und ist damit mehr oder weniger dem Zufall überlassen.

Wenn Sie jedoch bereit sind, Ihre jeweiligen Lernprozesse und Schlussfolgerungen zu reflektieren, die persönlichen und sozialen Konsequenzen zu berücksichtigen, sie in Ihre eigene Sinnorientierung zu integrieren, dann haben Sie die Chance, persönliche Erfahrungen zu machen, die zu einem immer erfüllteren Leben führen.

Wenn Sie sich bei Aktivitäten, die Sie öfter machen, überlegen, was Sie verändern, verbessern oder an neue Rahmenbedingungen anpassen können und daraus entsprechende Schlussfolgerungen ziehen, schaffen Sie damit die Basis für verantwortbare Erfahrungen. Selbst aus einzelnen Erlebnissen können Sie Schlüsse ziehen, die sich in Ihrem Unbewussten festsetzen und Erfahrungen darstellen.

Wichtig ist, dass Sie sich bewusst machen, dass es zwar negative Erlebnisse, aber keine negativen Erfahrungen gibt. Menschen entwickeln nach negativen Erlebnissen, Misserfolgen oder Fehlern unbewusst Strategien, die verhindern sollen, dass sich dieser Misserfolg wiederholt; d.h. der Lernerfolg aus negativen Erlebnissen wird zu einer positiven Erfahrung. (Wenn ein depressiver Mensch aus einem Erlebnis negative Schlüsse zieht, ist das für Ihn ja auch eine positive Erfahrung.)

Viele Menschen sind **nicht** bereit, aus Ihren Erlebnissen bewusst Lernprozesse abzuleiten, d.h. Erfahrungen zu machen. (Sie nennen dann das Erfahrung, was sie 30 Jahre lang gleich, bzw. falsch gemacht haben.) Eine wichtige Aufgabe von Führungskräften und Eltern ist es, die ihnen anvertrauten Menschen anzuregen, bewusst und konsequent verantwortbare Erfahrungen zu machen.

Wenn Sie sich nach einem erfolgreichen Erlebnis Ihre Vorgehensweisen bewusstmachen, um sie wiederholen zu können, haben Sie ebenfalls eine positive Erfahrung gemacht. Je bewusster Sie die Konsequenzen aus Ihren Erlebnissen gestalten, desto positivere und desto sinnvollere Erfahrung machen Sie. Erfahrung hat also nichts mit dem Alter oder der Verweildauer in einer Funktion zu tun, sondern mit der Qualität der Schlussfolgerungen aus Ihren eigenen Erlebnissen

Welche Auswirkungen die Art Ihrer Erfahrungen auf Ihre zukünftige Lebensgestaltung und Ihre Einstellung aber auch Intuition hat, ist an folgendem Beispiel deutlich zu erkennen:

Wenn Ihnen in Neapel die Geldbörse gestohlen wird, können Sie daraus folgende Schlüsse ziehen d.h. folgende Erfahrungen machen:

- Wenn ich das nächste Mal in Neapel spazieren gehe, nehme ich nur das nötige Kleingeld mit.
- In Neapel gehe ich nur mehr zu zweit oder zu dritt spazieren.
- Ich fahre nie mehr nach Italien.
- In Neapel wird man beklaut
- Die Italiener sind Diebe
- usw.

Sie müssen entscheiden, welche der möglichen Erfahrungen Sie für sich selbst auswählen. Es ist unschwer zu erkennen, welche Auswirkungen Ihre Auswahl auf Ihre zukünftige Lebensqualität hat.

Jedes markante Erlebnis, jede routinierte Vorgehensweise bietet Ihnen die Chance, durch einen rationalen und emotionalen Lernprozess Ihre eigene Lebenserfahrung eigenverantwortlich weiterzuentwickeln und Ihre zukünftigen Erfolge, Ihr Lebensmanagement und damit Ihre Lebensqualität selbst zu gestalten.

Nur Sie selbst sind verantwortlich
für die Sinnhaftigkeit der Erfahrungen, die Sie machen.

© Cartoon
Erik Liebermann

Machen Sie verantwortbare Erfahrungen

Denkzettel: Erfahrung

- Jede Erfahrung beeinflusst Ihre Wirklichkeit
- Unbewusst gemacht Erfahrungen prägen Ihr Verhalten
- Verantwortbare Erfahrungen prägen Ihr Handeln
- Ändern Sie Ihre Erfahrungen und Ihr Leben ändert sich
- Nur einer kann Ihre Erfahrungen gestalten: SIE
- Nur einer ist für Ihre Erfahrungen verantwortlich: SIE
- Vergeben heißt, Erfahrungen verhindern
- Sozial reife Menschen machen bewusst eigene Erfahrungen

Erfolgsanalyse

„Aus Fehlern lernt man"

ist ein häufiger Spruch, den Führungskräfte oder Eltern, wenn etwas schiefgegangen ist, Ihren Mitarbeitern oder Kindern als Trost oder als Motivation anbieten. An dem Spruch ist sicher etwas dran, aber diese Lerntechnik ist psychisch und emotional sehr aufwändig und psychologisch betrachtet unsinnig.

Misserfolgsanalyse

Wenn wir etwas falsch gemacht haben oder etwas schief gegangen ist, neigen wir dazu zu überlegen, aus welchen Gründen es nicht so gelaufen ist, wie wir es erwartet hatten; d.h. wir machen eine Misserfolgsanalyse.

Eine Ursachenanalyse nach Misserfolgen hat viele Nachteile:

- Die Misserfolgsanalyse führt häufig dazu, dass wir ein schlechtes Gewissen bekommen, weil wir Minderleistung gebracht haben, und dadurch verstärken sich evtl. vorhandene Minderwertgefühle.

- Die Misserfolgsanalyse führt häufig dazu, dass wir Schuldgefühle entwickeln und das führt zu Minderwertgefühlen.

- Wenn wir die Ursache kennen, beschränken uns dann darauf, sie zu korrigieren, anstatt eine neue Lösung zu suchen und reduzieren dadurch unsere Fähigkeit, in Lösungen zu denken.

- Wenn wir nur an der alten Vorgehensweise herumreparieren, versäumen wir die Chance unsere Innovationfähigkeit und unser Lösungsdenken zu trainieren.

Misserfolgsanalysen verhindern Lösungsdenken

Wenn ein Fehler passiert, ist es wichtig, als erstes zu überlegen, was Sie in Zukunft anders machen werden, welche Alternativen es gibt, welche neuen Lösungen denkbar sind usw. usw.

Wenn Sie eine Lösung gefunden haben, ist der Fehler ja behoben. Wenn Sie jedoch der Meinung sind, Sie müssten die Ursache für den Fehler wissen, dann können Sie immer noch eine Ursachenanalyse für diesen Fehler machen, sie richtet dann weniger Schaden an.

Wenn Sie zu oft Fehleranalysen machen, richten Sie die Aufmerksamkeit auf Ihre Schwächen und Fehler, und es wird für Sie immer schwieriger, ein konstruktives Selbstwertgefühl aufzubauen.

Wenn Sie sich auf Ihre Schwächen und Fehler konzentrieren und sich bemühen, diese zu kompensieren, werden Sie maximal mittelmäßige Erfolge und Ergebnisse im Beruf und im privaten Bereich erzielen:

Schwächen kompensieren, schafft Mittelmaß.

Erfolgsanalyse

Wenn Sie nach erfolgreich abgeschlossenen Gesprächen, Meetings, Verhandlungen, Tennismatches usw. usw. (allein oder gemeinsam) analysieren, welche Ihrer Stärken, d.h., welche Eigenschaften, Vorgehensweisen, Fähigkeiten, Verhaltensweisen, Techniken, Strategien usw. zum Erfolg geführt oder beigetragen haben, (am wirkungsvollsten geht das im Alpha-Zustand), dann bekommen Sie ein Stärkenprofil von sich. Je öfter Sie diese Analysen machen, desto valider wird Ihr Stärkenprofil und Sie leiten einen Lernprozess ein, der psychisch und emotional grundsätzlich positiv verläuft und Ihnen Strategien für die Erledigung zukünftiger Aufgaben zur Verfügung stellt.

Darüber hinaus sollten Sie alles tun, was Ihnen zusätzlich möglich ist, sich Ihre Stärken bewusst zu machen:

- Überlegen Sie selbst, was Sie für Fähigkeiten, positive Eigenschaften, Kenntnisse usw. haben
- Fragen Sie Ihre Chefs, Kollegen, Mitarbeiter, Lebenspartner, Geschwister, Kinder usw.
- Nehmen Sie bei - häufig kostenlosen - Persönlichkeits-, Managementtests usw. teil.

Wenn Sie sich Ihre die Stärken bewusst machen, Ihre beruflichen und privaten Aktivitäten entsprechend Ihren Stärken planen, macht Ihnen ihre Arbeit und Ihr Leben Spaß, Sie liefern gute Arbeitsergebnisse und Sie sind erfolgreich.

Stärken stärken und nutzen bringt Spitzenleistung

Wenn Sie sich Ihre Stärken bewusst machen und darauf achten, immer mehr im Rahmen Ihrer Stärken aktiv zu werden, wird Ihr Selbstwertgefühl ständig stabiler werden.

Mit einem fundierten, belastbaren Selbstwertgefühl sind Sie psychisch stabiler, d.h. Sie sind nicht so leicht zu verletzen oder zu beleidigen, und Sie haben es nicht mehr nötig, aggressiv zu werden und sind weitgehend vor Somatisierungen geschützt.

Das bewusste Registrieren und Analysieren Ihrer Erfolge und Stärken leistet einen wesentlichen Beitrag zur Stabilisierung Ihres Selbstwertgefühls und damit auch Ihrer Gesundheit. Darüber hinaus bietet es die Möglichkeit, Strategien zu Bewältigung zukünftiger Herausforderungen zu entwickeln.

Analysieren Sie regelmäßig Ihre wichtigsten Erfolge und tragen Sie die Ergebnisse in ein Erfolgsjournal ein. Dadurch erhalten Sie ein Stärkenprofil, das Sie in die Lage versetzt, bei neuen Herausforderungen sofort zu entscheiden, ob Sie diese annehmen können.

Erfolgsjournal

Erfolge des Tages:

1.

2.

3.

4.

Die Analyse des wichtigsten Erfolgs ergab folgende Erfolgskriterien in Bezug auf:

- Eigenschaft:

- Fähigkeit:

- Technik:

- Strategie:

- Vorgehensweise

- Verhaltensweise

- Sonstiges:

© Cartoon Erik Liebermann

Erfolgsanalysen steigern Ihr Selbstwertgefühl

Denkzettel: Erfolgsanalyse

- Beachten sie Ihre Erfolge
- Führen sie ein Erfolgstagebuch
- Vergleiche Sie sich nur mit erfolgreichen Menschen
- Mit Erfolgsanalysen lernen Sie aus Ihren Erfolgen
- Nur, wenn Sie etwas unternehmen werden Sie Erfolg haben
- Risiko ist die Bugwelle des Erfolgs
- Langfristig erfolgreich sind Sie nur, wenn Sie wissen warum Sie erfolgreich sind
- Nutzen Sie Ihre Stärken, um erfolgreich zu sein
- Erfolgsanalyse entwickelt Ihr Selbstwertgefühl
- Verlieben Sie sich in Ihre Erfolge
- Feiern Sie Ihre Erfolge

Feedbacksicherheit

Nutzen Sie Feedbacks, um Ihre Persönlichkeit zu entwickeln

Ein Feedback, d.h. eine Rückmeldung über das eigene Verhalten, wird von vielen Menschen - vor allem, wenn es negativ ist - als Vorwurf, persönlicher Angriff, Schuldzuweisung oder dergleichen betrachtet.

Je mehr die persönlichen Gewissenwerte eines Menschen mit der öffentlichen Moral und den Normen des sozialen Umfeldes übereinstimmen, (d.h. je weniger eigene Persönlichkeit er entwickelt hat), desto größer ist die Gefahr, dass er negative persönliche Rückmeldungen als Angriff empfindet und er verletzt ist. Deshalb neigen viele Menschen nach einem Feedback dazu, beleidigt zu sein, in einer Spontanreaktion sich zu rechtfertigen, sich zu entschuldigen, oder mit Gegenvorwürfen usw. zu reagieren.

Eigenverantwortliche Menschen, die eine autonome Persönlichkeit entwickelt haben, können mit Feedback oder vermeintlicher Schuldzuweisung durch andere selbstsicher und souverän umgehen.

Wenn Sie sinnvoll und verantwortet mit Feedback zu Ihrer Person umgehen wollen, sollten Sie folgende vier Schritte beachten:

Der **erste Schritt** ist grundsätzlich eine positive Reaktion. Wenn Sie nicht in der Lage sind, auf Rückmeldungen, vor allem auf negative Rückmeldungen positiv zu reagieren, erreichen Sie damit lediglich, dass Sie keine Rückmeldungen und damit auch keine Fremdbilddaten mehr bekommen; d.h. Sie können ihre Wirkung auf andere nicht mehr abschätzen und geraten in Gefahr, entweder isoliert und einsam oder so eckig und kantig zu werden, dass Sie nur mehr Konflikte bei anderen auslösen. Eine positive Reaktion auf ein Feedback könnte lauten. „Gut, dass Sie mich darauf hinweisen",

„Vielen Dank, dass Sie so offen sind, ich werde darüber nachdenken" usw. Darüber hinaus sollten Sie überlegen, dass der Erfolg in einem sozialen Umfeld (Unternehmen, Partei, Sportverein, Familie) ausschließlich vom Fremdbild abhängt und nicht etwa von dem Bild, das Sie selbst von sich haben oder in einem anderen Unternehmen hatten. Um erfolgreich zu werden, müssen Sie wissen, was andere von Ihnen halten.

Im **zweiten** Schritt sollten Sie natürlich über jedes Feedback nachdenken und es analysieren. Vor allem, wenn das Feedback bei Ihnen Aggressionen - entweder Autoaggression (beleidigt sein, verletzt sein usw.) oder Soziale Aggression (Wut, Ärger über den anderen usw.) - auslöst, können Sie davon ausgehen, dass ein „Wunder Punkt" in Ihrem eigenen Wertsystem angesprochen wurde. Dann bedeutet das, dass Handlungsbedarf Ihrerseits besteht.

Im **dritten** Schritt entscheiden Sie, ob Sie bereit sind, Ihr Verhalten zu ändern, d.h. sich anzupassen. Für viele Menschen ist das oft eine schwierige Entscheidung, vor allem, wenn das Feedback von einer „wichtigen Persönlichkeit"

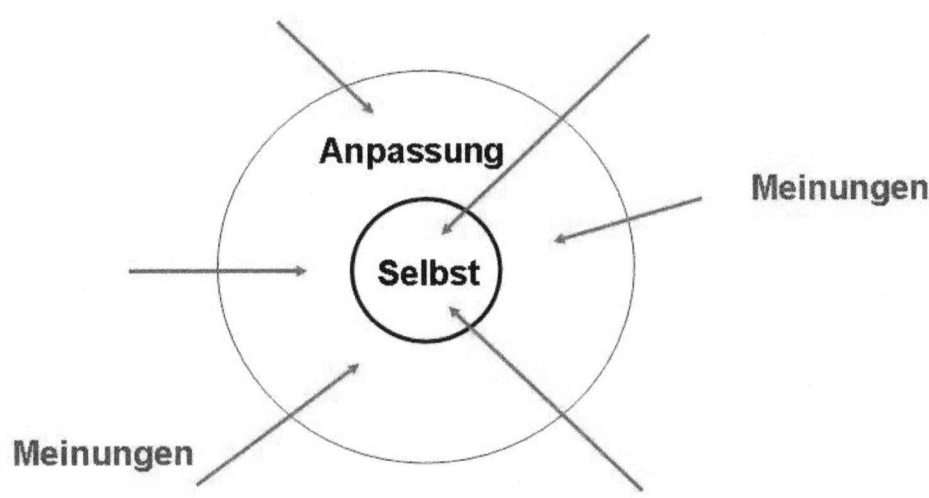

oder einem Vorgesetzten kommt. Die Anpassung sollte aber nie so weit gehen, dass Sie Ihr Selbst, den Kern Ihrer Persönlichkeit, oder Ihre handlungsleitende Werte ändern.

Im **vierten Schritt** sollten Sie dem Feedbackgeber, nach einer Zeit des Nachdenkens (z.B. ein paar Tage) berichten, was Sie mit seinem Feedback gemacht haben.

Anpassung versus Selbstbehauptung

Entwickeln einer Führungspersönlichkeit bzw. persönlicher Autorität bedeutet ein ständiges Ausgleichen zwischen Anpassung an die Wertvorstellungen des Unternehmens bzw. des aktuellen sozialen Umfeldes und der eigenverantwortlichen Gestaltung des eigenen Selbst (Kern der Persönlichkeit, handlungsleitende Werte, eigenes Gewissen).

Wenn Sie sich in einer Hierarchie auf dem Weg nach oben zu sehr anpassen, werden Sie auf einer höheren Hierarchiestufe Schwierigkeiten bekommen, weil Sie nicht über die dort notwendige persönliche Autorität verfügen. Wenn Sie sich zu wenig anpassen, werden Sie kaum Karriere machen. Die Kunst besteht darin, auf dem Weg nach oben sich so anzupassen, dass Sie das eigene Rückgrat nicht verlieren. (Eine Wirbelsäule haben alle - Rückgrat nur wenige.)

Wenn Sie eigene Meinungen und Standpunkte argumentativ vertreten, werden Sie in Ihrem sozialen Umfeld akzeptiert. Um Ihre soziale Verträglichkeit in Ihrem sozialen Umfeld zu gewährleisten, können Sie sich anderen Meinungen bei den Themen anpassen, die Ihnen nicht so wichtig sind bzw. bei denen Ihr Selbst nicht betroffen ist.

Ihr Selbst gestalten Sie dadurch. dass Sie die Normen, die Moralvorstellungen Ihres sozialen Umfelds bzw. Ihres Unternehmens und die Feedbacks, die Sie bekommen, reflektieren - am besten im Dialog mit guten Freunden - und daraus Ihre eigenen Gewissenswerte ableiten. Wenn Sie Ihr Selbst eigenverantwortlich gestaltet haben, werden Sie für jedes Feedback dankbar sein, weil es für Sie eine Chance für eine

Stabilisierung bzw. Entwicklung Ihrer Persönlichkeit darstellt.

Um Handlungssicherheit zu erreichen ist es für einen sozial reifen Menschen wichtig, die Grenze zwischen seinem Selbst und seiner sozialen Verträglichkeit genau zu definieren.

Wichtig ist das Gleichgewicht zwischen Anpassung und Selbstbehauptung.

Persönlichkeit braucht Feedback

Denkzettel: Feedbacksicherheit

- Feedbacksicherheit führt zu Akzeptanz
- Dumme Menschen suchen Anerkennung – kluge Menschen Feedback
- Wenn Sie kein Feedback ertragen können, haben Sie es dringend nötig
- Feedback bringt Ihnen mehr als Anerkennung

Freunde und Gesundheit

Gute Freunde sind wichtig für Ihre Gesundheit

Was ist ein guter Freund?
Gute Freunde sind Menschen, die Sie mögen, denen Sie vertrauen, auf die Sie sich verlassen, deren Nähe Sie gerne haben, die Sie schätzen, denen Sie freiwillig und gerne helfen und deren Hilfe Sie selbstverständlich annehmen.

An einen Freund haben Sie keine Erwartungen.
Einen Freund wollen Sie nicht ändern, Sie verstehen ihn. Sie fragen sich höchstens, ob Sie bereit sind, sich selbst zu ändern, um die Freundschaft zu erhalten.

Gute Freunde im Familienverbund zu finden, ist oft schwierig.

Die Soziologie berichtet, dass wir ca. 3 - 5 sehr gute Freunde und einen Freundeskreis von bis zu 20 Personen brauchen.

Bedeutung von Freunden für Ihre eigene Entwicklung
Ohne persönliche Gespräche mit Freunden über Dinge, die Ihnen wichtig sind, und über Gefühle, die Sie betroffen machen, ist es nicht möglich, die eigene Persönlichkeit (weiter-) zu entwickeln. Martin Buber postuliert, dass die eigene Persönlichkeit sich am Du entwickelt.

Aus prägenden Erlebnissen lassen sich am besten mit einem guten Freund als Sparringspartner konstruktive Erfahrungen ableiten, die dann für die zukünftige Lebensbewältigung zur Verfügung stehen. (Erfahrungen sind Lernprozesse aus eigenen Erlebnissen.)

Freunde, die uns lange begleiten, beeinflussen unsere Lebenspläne und unsere Wertvorstellungen.

In der Gegenwart von Freunden haben Sie mehr Selbstvertrauen.

Menschen, die stabile Freundschaften pflegen, leben länger und sind gesünder.

Bedeutung von Freunden für die Gesundheit

Die Weltgesundheitsorganisation WHO definiert Gesundheit als den „Zustand des vollständigen körperlichen, psychischen und sozialen Wohlbefindens".

Bedeutung für die physische Gesundheit

Einsamkeit lässt die körpereigenen Opiate schwinden; d.h. wir sind weniger leistungsfähig und schwächer. Unsere Freund-Feind-Unterscheidung leisten die Spiegelneuronen im präfrontalen Cortex unseres Gehirns. Erkennen sie einen Freund, schütten sie Oxytocin, das „Liebeshormon". Es unterstützt jede Form von positiver Beziehung und verursacht den Eindruck von Wohlfühlen und Geborgenheit.

Ausserdem reduziert Oxytocin die negativen Emotionen, die die Amygdala produziert, so dass wir weniger Angst und Aggressionen empfinden und dadurch emotional ausgeglichener und weniger leicht depressiv werden.

Der Kontakt mit guten Freunden löst Hormonschüttungen (z.B. Endorphine und Oxytocin) aus, die sowohl für die Prophylaxe als auch für die Heilung von Krankheiten wichtig sind:

- Das Herzkreislauf-Risiko sinkt
- Das Immunsystem wird stabilisiert
- Der Alterungsprozess im Gehirn wird verzögert
- Die Widerstandkraft gegen Stress nimmt zu
- Das Schmerzempfinden wird reduziert, usw.

In der Skala der Aktivitäten mit dem höchsten Erholungswert steht ein Gespräch mit guten, biophilen Freunden an oberster Stelle.

Pflegen Sie wichtige, biophile Beziehungen
und seien Sie ein treuer Freund

Bedeutung für die soziale Gesundheit

Freunde sind eine wichtige Komponente des Heimatgefühls.

Feedback zu negativem oder ungeeignetem Verhalten erhalten Sie in der Regel nur von guten Freunden, und das erhöht Ihre soziale Passung. Freunde geben Ihnen das Gefühl, nicht allein zu sein.

Freunde schützen vor dem Gefühl der Leere, der Einsamkeit und fördern die Integration in unser soziales Umfeld.

Wenn wir mit Freunden zusammenarbeiten, arbeiten wir qualitativ und quantitativ besser, und die Arbeit macht mehr Spass. Viele Herausforderungen können wir nur in der Zusammenarbeit mit Freunden schaffen.

Kontakt- und Beziehungsfähigkeit sind wichtige Fähigkeiten, um Freunde zu finden, zu pflegen.

Kontaktfähigkeit

Wir Menschen sind keine Einzelkämpfer. Soziale Kontakte sind für uns extrem wichtig. Unsere Kontakt- und Beziehungsfähigkeit hält uns mental jung.

Die Möglichkeit, mit beliebigen Menschen aktiv Kontakt aufzunehmen, ist für ein „Erfülltes Leben" wichtig. Ihre Kontaktfähigkeit sollten Sie regelmäßig trainieren:

- Gehen Sie regelmäßig auf Menschen zu und sprechen Sie sie an. Sie werden erleben, dass die meisten Menschen positiv reagieren, wenn Sie sie ansprechen.

- Vor der Kontaktaufnahme spiegeln Sie (etwas reduziert) die aktuelle Körpersprache der Person, zu der Sie Kontakt suchen.

- Sprechen Sie Menschen auf die Aktivitäten an, die diese gerade machen. Formulieren Sie z.B. einfache Aussagen: „Sie schauen das Bild an", „Sie schauen in Ihren Kalender", „Das Buch von Watzlawick liegt auf Ihrem Schreibtisch" usw. Sie zeigen damit unaufdringliches Interesse und werden überrascht sein, welchen Erklärungsenergie Sie auslösen.

- Praktizieren Sie in Gesprächen Echotechniken; d.h. Sie wiederholen ein Wort aus der letzten Aussage Ihres Gegenübers - nicht als Frage, sondern als neutrale Feststellung - und Sie werden erleben, wie ausführlich der Angesprochene Ihnen erläutert, was er gemeint hat.

- Eignen Sie sich Know-how in einigen (3-5) Themen an, um jederzeit einen qualifizierten Small-Talk führen zu können. Mit ein/zwei Sätzen können Sie dann das Interesse Ihres Gegenübers wecken.

- Animieren Sie Menschen dazu, „Ich-Aussagen" im positiven Bereich zu machen. Die eleganteste Form, Menschen zu öffnen, ist es, Ihnen durch geeignete Fragen die Möglichkeit zu geben, Erfolge von sich zu berichten. (Distanz schaffen Sie, wenn Sie viel von sich selbst erzählen!)

Beziehungsfähigkeit

Um aus einem Kontakt eine Beziehung zu machen, haben Sie folgende Möglichkeiten. (Die Reihenfolge stellt ein Ranking dar.)

Zeigen Sie echtes Interesse an Ihrem Freund:
- Sprechen Sie Themen an, von denen Sie wissen, dass Sie dem Freund wichtig sind.

- Hinterfragen Sie Themen, die Ihr Freund anspricht.
- Verbalisieren Sie die Aussagen Ihres Freundes, um „Freud'sche Verhörer" zu vermeiden und um festzustellen, was er wirklich gemeint hat.

Zeigen Sie Ihrem Freund Wertschätzung:

- Setzen Sie sich mit seinen Ideen und Vorschlägen konstruktiv auseinander.
- Erläutern Sie ihm Ihre Entscheidungen.
- Trauen Sie Ihrem Freund etwas zu.
- Fragen Sie Ihren Freund um Rat.

Offenbaren Sie sich gegenüber Ihrem Freund:

- Geben Sie eigene Fehler oder Schwächen zu. (Einen Fehler zuzugeben, wird von Ihrem Freund als Stärke erlebt und darüber hinaus als Vertrauensbeweis.)
- Zeigen Sie ihm Ihre Gefühle und bestätigen Sie Ihm seine Gefühle.
- Unternehmen Sie gemeinsam mit Ihrem Freund etwas, bei dem sie beide aufeinander angewiesen sind und keiner überlegen ist.

Wenn Sie mit Freunden oder neuen Kontakten offen umgehen, werden Sie feststellen, dass Sie denen immer sympathischer werden.

Wenn Sie mit Ihren heranwachsenden Kindern offen umgehen, sparen Sie sich viel Ärger während und nach der Pubertät und haben eine gute Chance, dass sie bald zu Partnern werden.

Unsympathische Menschen

Wenn Sie sich mit Menschen umgeben, die misslaunig sind, die nur meckern, alles kritisieren und viel streiten, kostet Sie das sehr viel Energie. Ihr Immunsystem wird geschwächt und Sie können auf Ihre nächste Krankheit warten.

Viele Menschen, mit denen wir „befreundet" sein sollten, können wir uns nicht aussuchen - z.B. Verwandtschaft oder wichtige Kollegen. Was tun Sie, wenn Ihnen diese Menschen unsympathisch sind? Kein Mensch ist sympathisch oder unsympathisch, wir machen Sie unsympathisch, indem wir an ihnen nur das wahrnehmen, was sie für uns unsympathisch macht.

Wenn Sie sich darauf konzentrieren, an jedem Menschen – vor allem an den unsympathischen – etwas Positives zu finden, werden Sie zwei Erfahrungen machen:

- Sie werden immer mehr Menschen sympathisch finden und damit Freunde gewinnen.
- Sie öffnen Ihre eigene Wahrnehmung für das Schöne und Positive.

Eigenliebe

Wenn Sie sich häufig über sich selbst ärgern, ein schlechtes Gewissen haben, sich selbst nicht mögen, wird es schwer, ein stabiles Selbstwertgefühl aufzubauen. Darüber hinaus können Sie, wenn Sie von anderen gelobt werden, das entweder nicht annehmen oder es erst gar nicht wahrnehmen.

Darüber hinaus behandeln uns andere häufig so, wie sie erleben, wie wir selbst mit uns umgehen.

Es ist wichtig, dass Sie Ihr Selbstwertgefühl bewusst ständig weiterentwickeln. Nur, wenn Sie sich selbst mögen und akzeptieren, haben Sie die Chance, gute Freunde zu gewinnen und ein guter Freund zu sein.

Biophiles Umfeld

Wenn Sie sich systematisch ein lebensbejahendes Umfeld schaffen, sind Sie weniger anfällig für Krankheiten, fühlen Sie sich wohler und sind gesünder.

Bauen Sie Beziehungen auf zu Menschen, die

- eine positive Lebenseinstellung haben
- überwiegend positive Dinge erzählen
- an Stelle von Problemen, Chancen sehen
- Ihnen zuhören
- offen sind
- mit denen Sie Spaß haben
  usw. usw.

Suchen Sie aktiv Kontakt zu Menschen mit positiver Einstellung zum Leben und bauen Sie bewusst eine Beziehung mit ihnen auf!

© Cartoon
Erik Liebermann

Mit Freunden zusammenarbeiten, macht Spaß

Denkzettel: Freunde und Gesundheit

- Gehen Sie achtsam mit Ihren Freunden um
- Nur wenn Sie ein guter Freund sind, werden Sie Freunde haben
- Suchen Sie Freunde, die erfolgreich sind
- Gestalten Sie bewusst Ihre Freundschaften
- Suchen Sie Freunde, die eigene Meinungen haben
- Die Qualität Ihrer Freunde bestimmt die Qualität Ihres Lebens
- Zuhause ist, wo Sie Freunde haben

Frustrationstoleranz

Je größer Ihre Frustrationstoleranz ist, desto größer ist Ihre Chance, ein zufriedenes Leben zu führen

Frustrationstoleranz ist die Fähigkeit, frustrierende Situationen längere Zeit konstruktiv auszuhalten bzw. zu bewältigen. Je mehr frustrierende Situationen Sie ohne oder nur mit geringen negativen Gefühlen überstehen, desto besser geht es Ihnen.

Menschen mit geringer Frustrationstoleranz neigen dazu, Ziele aufzugeben, Arbeiten abzubrechen oder auf Wünsche zu verzichten usw., wenn auf dem Weg dahin Hindernisse oder Schwierigkeiten auftauchen. Menschen mit einer geringen Frustrationstoleranz vermeiden Anstrengungen und neigen zu Vermeidungs- und Fluchtstrategien. Sie entwickeln dann sehr schnell ein Gefühl der Unzufriedenheit oder riskieren Depressionen.

Frustration erzeugt bei uns starke negative Gefühle, wie z.B. Angst, Neid, Aggression, Ärger Sorgen, Schuld, Verlustängste, Minderwertgefühle.

Positive Gefühle, wie Freude, Mut, positive Grundeinstellung usw., reduzieren unsere Frustration und erhöhen unsere Frustrationstoleranz.

Es gibt mehrere Therapieansätze, (wie z.B. die Realitätsorientierung), die Menschen helfen, ihre Frustrationstoleranz zu stärken.

Seit langem wissen wir, dass nicht unsere erlebten Situationen unser Bild von unserem Umfeld erzeugen, sondern die Gedanken, die wir uns darüber machen. Ob wir ein Erlebnis positiv oder negativ in Erinnerung behalten, hängt wesentlich von den Gedanken ab, die wir dazu entwickeln – und die können wir beeinflussen.

Ähnlich ist es mit den Worten, die wir bei der Beschreibung einer Situation verwenden. Sie haben eine nachhaltige Wirkung auf unsere Psyche (Autosuggestion durch die Sprache).

Ihre Gedanken und Ihre Worte haben eine starke Wirkung auf Ihre Gefühle, sowohl auf die negativen als auch auf die positiven:

In einer frustrierenden Situation können Sie denken oder sagen:

- „Das ist furchtbar" oder
  „Das habe ich nicht erwartet"

- „Ich bin im Stress" oder
  „Ich habe im Augenblick viel zu tun"

- „Ich kann leider kein Englisch" oder
  „Ich lerne jetzt Englisch"

- „Der mag mich nicht" oder
  „Bei dem muss ich Sympathie aufbauen"

- „Da komme ich wieder nicht weiter" oder
  „Da hole ich mir Hilfe"

- „Das ist eine Katastrophe" oder
  „Das passiert schon mal"

- „Ich bin stocksauer" oder
  „Das hat mich ganz schön irritiert"

- „Ich kann nicht mehr" oder
  „Ich mache jetzt eine Pause"

- „Ich brauche jetzt eine Pause" oder
  „Ich mache jetzt eine Pause"

- „Das ist schlimm" oder
  „Das habe ich nicht erwartet"

Spüren Sie die unterschiedliche Wirkung auf Ihre eigenen Gefühle?

Bedenken Sie auch Ihre Wortwahl bei Gesprächen mit Kindern oder Mitarbeitern und Ihre Verantwortung für deren Entwicklung, vor allem für ihr Selbstwertgefühl. Sie können sagen:

- „Das kapierst Du nie" oder
  „Da musst Du Dir noch mehr Mühe geben"
- „Du bist ein Versager" oder
  „Das musst Du anders machen"
- „Dauernd machst du das falsch" oder
  „Das hast Du falsch gemacht"
- „Das ist ekelig" oder
  „Das sieht nicht appetitlich aus"

Dieselben Grundgedanken gelten auch für die positiven Gefühle. Verwenden Sie auch hier starke Worte und Ihre positiven Gefühle werden intensiver werden.

- „Das hat mir gut gefallen" oder
  „Das war großartig"
- „Das ist geeignet" oder
  „Das passt wie angegossen"

Wenn Sie bewusst darauf achten, dass Sie durch Ihre Wortwahl gezielt Ihre positiven Gefühle weiterentwickeln und an Energie gewinnen, werden sich Ihre negativen Gefühle von selbst reduzieren, und damit verbessert sich Ihre Frustrationstoleranz.

Menschen mit stärkerer Frustrationstoleranz haben mehr Umsetzungsenergie, haben eine höhere Lebensqualität und sind häufig weniger aggressiv.

Sie sind Ihren Gefühlen nicht ausgeliefert, Sie müssen ihre Ausprägung verantworten.

© Cartoon
Erik Liebermann

**Je grösser Ihre Frustrationstoleranz ist,
desto besser geht es Ihnen**

Denkzettel: Frustrationstoleranz

- **Negative Gedanken reduzieren Ihre Lebensqualität**
- **Negative Gewissheiten sind Gefängnisse**
- **Jeder Gedanke, der Sie beherrscht, verändert Ihre Frustrationstoleranz**
- **Gedanken sind Energie**
- **Wenn Sie Ihre Frustrationstoleranz vergrößern, geht es Ihnen besser**
- **Wenn Sie Ihre Wortwahl ändern, ändert sich Ihr Leben**
- **Schön wird alles von dem Sie positiv berichten**
- **Eine größere Frustrationstoleranz bringt Ihnen mehr Gelassenheit**

Generativität

Generativität als Weg zur Identität

Der Volksmund sagt: Jeder sollte in seinem Leben einen Baum pflanzen, ein Haus bauen und ein Buch schreiben.

Für jeden Menschen gibt es 5 Aufgaben, die er im Laufe seines Lebens erledigen sollte, um seine Persönlichkeit eigenverantwortlich zu gestalten.

Abnabeln

Das Entwickeln einer eigenen Persönlichkeit ist erst möglich, wenn das Kind sich emotional von seinen Eltern entfernt hat. Wenn es das geschafft hat, kann es sich dann – auf gleicher Augenhöhe– wieder annähern und eine partnerschaftliche Beziehung zu seinen Eltern aufbauen. Dieser wichtige Prozess wird durch eine zeitlich begrenzte, räumliche Trennung, z.B. einen Auslandsaufenthalt, unterstützt.

Berufung finden

Die nächste wichtige Aufgabe besteht darin, die eigenen Fähigkeiten, Talente, Interessen, Motive usw. zu erkennen und daraus eine Lebensplanung und einen Beruf abzuleiten. Je breiter und genauer diese Analyse der eigenen Talente geschieht, desto größer ist die Chance, die richtige Entscheidung zu treffen. Viele Menschen brauchen dafür mehrere „Orientierungsphasen". Manche schaffen es nie und sind ihr Leben lang unglücklich bzw. fremdgesteuert (z.B. sind nur 40% der Akademiker beruflich in dem Bereich tätig, den sie studiert haben).

Beziehung

Ausschlaggebend für die Entwicklung der eigenen Persönlichkeit ist eine stabile Beziehung mit einem Partner, der als Sparringspartner für persönliche Veränderungen geeignet ist. Sobald ein Partner dominant ist, wird die Beziehung konfliktschwanger oder „harmonisch" und damit werden konstruktive Veränderungen schwierig. Symbiotische Beziehungen lähmen jede Weiterentwicklung.

Generativität

Vielen Menschen ist der berufliche Erfolg, die eigene Karriere oder auch das Befriedigen der eigenen Bedürfnisse wichtiger als die Sorge um die Förderung und Entwicklung der eigenen Kinder oder junger Menschen überhaupt.

Wenn Ihre Kinder erwachsen sind, Ihre eigene eigenberufliche Planung gesichert ist, Ihre Beziehungen und Ihr soziales Netzwerk stabilisiert sind und Sie damit eine gewisse Gelassenheit gewonnen haben, haben Sie die Möglichkeit, Ihre Werte, Ihre Einstellungen, Ihre Prinzipien zu reflektieren und zu konsolidieren.

Daraus ergibt sich dann die Verantwortung, Ihr Wissen, Ihre Erfahrung, Ihre Werte und Ihre Sinngebung an Ihre Kinder und an die in Ihrem Einflussbereich lebende nächste Generation weiterzugeben. Das gelingt nur, wenn Sie die Kinder, bzw. die jungen Menschen, als partnerschaftliche Erwachsene akzeptieren und entsprechend mit ihnen umgehen.

Es gibt verschiedene Möglichkeiten, diese Verantwortung wahrzunehmen:

- Sie können soziales Engagement zeigen, Ehrenämter übernehmen, sich politisch engagieren usw.

- Sie können für einzelne Nachwuchskräfte in Vereinen, Kirchengemeinschaften usw. Mentorenfunktionen oder Patenschaften übernehmen (macht übrigens sehr viel Spaß und hält Sie fit). Unternehmen nutzen solche Patenschaften häufig als Talentbindungs- oder Nachwuchsfördersysteme.

- Sie können sich bei jeder Gelegenheit positiv mit den Werthaltungen, Einstellungen, Sinngebungen,

Lebensgestaltungen der jüngeren Generation positiv auseinandersetzen. usw. usw.

- Generativität verzichtet nicht nur auf jede Fixierung auf die Interessen der eigenen Altersgruppe, sondern kümmert sich aktiv um die Belange der nächsten Generation.
- Wenn Sie sich der Verantwortung der Generativität stellen, gewinnen Sie selbst am meisten dabei.

Identität

Wenn Sie Ihr Berufsleben beendet haben, ist es wichtig, mit dem eigenen Lebenslauf und der eigenen Entwicklung Frieden zu schließen. Überlegen Sie, was das Leben aus Ihnen gemacht hat und was Sie zur Gestaltung Ihres Lebens beigetragen haben. Dann können Sie Ihre eigene Identität bewusst akzeptieren.

Das Analysieren der eigenen Identität können Sie natürlich auch schon früher beginnen.

© Cartoon Erik Liebermann

Helfen Sie der Jugend, Persönlichkeit zu entwickeln

Denkzettel: Generativität

- Lassen Sie Ihre Kinder erwachsen werden
- Gestalten Sie Ihre Beziehungen partnerschaftlich
- Suchen Sie Ihre Stärken und nutzen Sie sie
- Betrachten Sie Ihre Kinder als Partner

Gespräche und Persönlichkeitsentwicklung

Gute Gespräche erhöhen die Freiheitsgrade für Ihre Lebensbewältigung

Gute Gespräche helfen Ihnen, Ihre **Beziehungen** und Partnerschaften zu vertiefen.

Gute Gespräche helfen Ihnen, Ihre **Persönlichkeit** weiterzuentwickeln.

Persönliches Wachstum geschieht nicht von selbst, Sie brauchen dazu einen qualifizierten Erfahrungsaustausch.

Gute Gespräche helfen Ihnen, qualifizierte **Einstellungen,** vor allem zu kritischen Themen zu bekommen.

Gute Gespräche helfen, Ihre **eigene Situation** und die Ihres sozialen Umfeldes immer wieder neu zu reflektieren.

Gute Gespräche erhöhen Ihre kognitive Aufnahmefähigkeit.

Gute Gespräche helfen Ihnen, für wichtige Situationen einen **Plan B** zu entwickeln.

Gute Gespräche helfen Ihnen, **Herausforderungen** besser zu bewältigen.

Gute Gespräche können Ihre **Sinnorientierung** beeinflussen.

Wenn Sie ein **Ziel** haben oder etwas ändern wollen, ist es unabdingbar, dass Sie dabei andere Meinungen und Erfahrungen berücksichtigen. Im Alleingang können Sie nicht feststellen, ob Sie für bestimmte Aspekte blind geworden sind.

Um Ihre **Erlebnisse** zu analysieren und daraus zukunftsorientierte Erfahrungen zu entwickeln, sind Gesprächspartner mit einem anderen Horizont sehr hilfreich. (Erfahrungen sind Lernprozesse aus eigenen Erlebnissen).

Um eigene **Krisen** zu verarbeiten und sie für die eigene Weiterentwicklung zu nutzen und um wieder ins emotionale Gleichgewicht zu kommen, brauchen Sie empathische Gesprächspartner.

Gespräche mit Menschen, die alle einer Meinung sind, sind zwar angenehm, bringen Sie aber nicht weiter.

Einige Ideen für die Gestaltung von Gesprächen:

Wichtig ist, dass Sie die Gespräche mit Menschen führen, die Sie schätzen, zu denen Sie Vertrauen haben und mit denen Sie sich gleichwertig fühlen.

Achten Sie darauf, dass Sie sich auch mit anderen Generationen, Einstellungen und vor allem mit politischen Meinungen austauschen.

Die Konfrontation mit Menschen anderer Kulturen, Religionen, sozialer Herkunft usw. können Sie anregen, eigenen Ansichten zu überdenken und zu stabilisieren.

In der Familie sollten Sie wichtige aktuelle und vergangene Ereignisse und Erfahrungen diskutieren. Die jungen Menschen könnten dabei lernen, dass Sie durchaus aus der Vergangenheit für die Zukunft lernen können. Wenn dabei etwas Selbstkritik der Eltern mitschwingt, trägt das sicher zu gegenseitiger Akzeptanz bei.

Gute Gespräche können Sie nur mit Menschen führen, die eine positive Grundeinstellung haben und in Lösungen denken können. Bedenkenträger, Angstorientierte, Ausredenphilosophen usw. schaden Ihnen.

Wichtig ist, dass Sie selbst – und möglichst auch Ihre Gesprächspartner – alterozentriert denken können und Empathie besitzen.

Sprechen Sie nur über Themen, bei denen Sie die Chance haben, etwas zu ändern.

Überlegen Sie sich vor einem Gespräch ein paar provozierende Thesen.

Vertreten Sie gelegentlich die Gegenposition zu Ihrer eigenen Meinung.

Nach einer intensiven Diskussion brauchen Sie eine Aufarbeitungszeit, um das Gehörte in Ihre eigene Gedankenwelt zu integrieren.

© Cartoon Erik Liebermann

Lassen Sie andere mitdenken

Denkzettel:
Gespräche und Persönlichkeitsentwicklung

- Wenn Sie sich nur in Ihren Kreisen bewegen, bewegen Sie sich nur im Kreis
- Widerspruch macht Sie positiv kreativ
- Vertrauen überzeugt mehr als Worte
- Gemeinsame Erfolgsanalyse entwickeln Ihr Selbstwertgefühl
- Ein gutes Wort kann Beziehungen stabilisieren
- Sie brauchen Mut, um Ihre Meinung zu ändern
- Wer Rat sucht, sucht nur einen Schuldigen
- Solange Sie sprechen, lernen Sie nichts

Gesunder Urlaub

Nutzen Sie Ihren Urlaub, um Spaß zu haben und gesund zu bleiben

Die WHO (Weltgesundheitsorganisation) definiert Gesundheit als das „vollständige psychische, soziale und körperliche Wohlbefinden".

Viele Menschen, die eindeutigen Gesundheitsrisiken ausgesetzt sind, z.B. Rauchen, Krankenpflege, Grippewellen, Epidemien usw. usw., bleiben gesund, obwohl das gesamte Umfeld krank wird. Genauso bewältigen viele Manager, die eine Job haben, der viele physische und psychische Belastungen mit sich bringt, diesen stressfrei!

Wenn Sie sich bewusst machen, dass 100% aller Krankheiten psychosomatisch sind, d.h. Körper und Psyche gleichzeitig beeinflussen, und 80% aller Krankheiten psychische und/oder soziale Ursachen haben, dann stellen die „Krankheiten", wegen denen wir zum Arzt gehen, letztlich nur die Symptome dar; d.h. wenn Sie Ihren Urlaub nutzen, um sich psychisch und sozial zu stabilisieren, werden Sie langfristig viel gesünder und belastbarer sein, und das Leben macht mehr Spaß.

Ein Urlaub bietet Ihnen hervorragende Möglichkeiten, Grundsätzliches für Ihre Gesundheit zu tun - und es macht auch noch Spaß:

Pflegen Sie Ihre positiven Gefühle!

Negative Gefühle schaden Ihrer Gesundheit.

Negative Gefühle provozieren Hormonschüttungen, die Ihre physische und psychische Widerstandskraft reduzieren.

Es ist wichtig, dass Sie Ihre negativen Gefühle im Keim ersticken, um zu verhindern, dass sie sich ausbreiten und Macht über Sie bekommen.

Die einfachste Möglichkeit, negative Gefühle zu reduzieren ist, sofort positive Gefühle dagegenzusetzen. Dies können Sie erreichen, indem Sie:

- eine Tätigkeit beginnen, die Sie gerne tun und die Sie in gute Laune versetzt
- sich an eine schöne, angenehme, erfolgreiche Situation erinnern und diese gedanklich ausmalen
- sich ein Symbol für gute Laune schaffen und dieses im „Bedarfsfall" abrufen (z.B. ein Bild von einem schönen Urlaub, Ihrem Kind usw.)
- eine Positiv-Imagination abrufen

Negative Gefühle sind Sondermüll!

Gefühle sind für uns Menschen lebensnotwendig.
Jede Situation, die wir erleben, produziert Gefühle.

Wenn Sie die jeweilige Situation positiv wahrnehmen, erleben Sie positive Gefühle. Positive Gefühle unterstützen Ihre Gesundheit und machen das Leben lebenswert.

Nutzen Sie Ihren Urlaub, um ein positives Urlaubs- und Lebensgefühl zu erzeugen:

- Meiden Sie Gespräche über Krankheiten!
- Erzählen Sie im Urlaub nur Positives!
- Erzählen Sie vom Urlaub nur Positives!
- Nehmen Sie die Gelegenheit wahr, um sich an schöne Situationen aus Ihrem Leben zu erinnern - am besten schreiben Sie sie auf!
- Machen Sie (schöne) Pläne!
- Lachen Sie - auch mit anderen!
- usw.

Bewegen Sie sich!

Egal, welche Art der Bewegung Sie am liebsten machen, jede hat positive Auswirkungen:

- Körperliche Bewegung fördert durch die erhöhte Sauerstoffzufuhr Ihre Denk- und Lernfähigkeit.

- Körperliche Aktivität produziert darüber hinaus viele anregende Hormone:
- Endorphin verbessert das Wohlbefinden.
- Dopamin steigert die Motivation.
- Noradrenalin aktiviert Körper und Geist.
- Serotonin erhöht das Selbstvertrauen und reduziert Angst.
- usw.

Im Urlaub finden Sie außergewöhnlich viele Möglichkeiten, etwas für Ihre körperliche Fitness zu tun:

- Wandern
- Fahrradfahren (Leihräder)
- Fitnesscenter
- Schwimmen
- Walking
- Langlaufen
- usw. usw.

Die Widerstandsfähigkeit Ihres Körpers müssen Sie genauso trainieren wie Ihre Muskeln und Ihre geistigen Fähigkeiten. Deshalb ist es wichtig, dass Sie in Ihrem Urlaub auch bei „Wind und Wetter" ins Freie gehen, sich im Freien bewegen usw.

Entspannen Sie sich!

Qualifizierte Entspannungstechniken, wie Autogenes Training, Progressive Entspannung nach Jakobson, Mentale Entspannung, einige Fantasiereisen, Yoga usw. bewirken, dass Sie gelassener, ruhiger und ausgeglichener werden. Mit diesen Techniken erreichen Sie einen tiefen Entspannungszustand, den „Alpha-Zustand", in dem die beiden Hirnhemisphären direkt miteinander kommunizieren.

Ein bewusst herbeigeführter Alpha-Zustand ist das beste Mittel, um akuten Stress zu reduzieren und um Stress überhaupt zu verhindern. Praktizierte Entspannung bewirkt grundsätzlich eine Stabilisierung der physischen und psychischen Grundbefindlichkeit. Bei regelmäßiger Übung stellen sich in folgenden Bereichen positive Veränderungen ein:

- Zunahme der Lymphozyten (stabileres Immunsystem)
- Reduzierung der Adrenalinschüttung (mehr Gelassenheit)
- Verbesserung der Sauerstoffversorgung
- Sensibilisierung der Wahrnehmung
- Stressstabilität durch höhere Gelassenheit
- Reduzierung vegetativer Störungen
- Erhöhung der Empathie
- Erhöhung der Lernfähigkeit und Kreativität
- Verbesserung der intuitiven Fähigkeiten
- usw.

An vielen Urlaubsorten werden Einzel- und Gruppenkurse für eine Vielzahl von Entspannungstechniken angeboten, so dass Sie im Urlaub - mit relativ geringem Aufwand - eine Entspannungstechnik lernen können.

Stabilisieren Sie Ihre Beziehungen!

Einsamkeit lässt die körpereigenen Opiate schwinden; d.h. wir sind weniger leistungsfähig, schwächer und anfälliger gegen Krankheiten.

Wenn Sie sich mit lebensbejahenden Menschen umgeben, wenn Sie Freundschaften pflegen mit Menschen, die gut gelaunt sind, mit denen Sie Spaß haben, gute Gespräche führen können usw., legen Sie eine gute Basis für Ihre Gesundheit und fühlen sich wohl.

In der Skala der Aktivitäten mit dem höchsten Erholungswert steht ein Gespräch mit guten, positiv eingestellten Freunden an oberster Stelle.

Wenn Sie Kontakt mit einem Freund haben, schüttet unser Gehirn Oxytocin, das „Liebeshormon". Es unterstützt jede Form von positiver Beziehung und verursacht den Eindruck von Wohlfühlen und Geborgenheit. Außerdem reduziert

Oxytocin die negativen Emotionen, die die Amygdala im Gehirn produziert, so dass wir weniger Angst und Aggressionen empfinden.

Der Umgang mit „Guten Freunden" löst Hormonschüttungen aus, die für die Gesundheit wichtig sind:
- Das Herzkreislauf-Risiko sinkt
- Das Immunsystem wird stabilisiert
- Der Alterungsprozess im Gehirn wird verzögert usw.

Gute Freunde zu haben, ist für die Gesundheit wichtiger, als auf eine gesunde Ernährung zu achten.

Ein Urlaub bietet Ihnen unzählige Möglichkeiten, Freundschaften zu intensivieren oder neue Freunde zu finden:
- Machen Sie gemeinsam mit guten Freunden Urlaub!
- Machen Sie mit Ihrer Familie Urlaub und nutzen Sie die Gelegenheit, die Kinder betreuen zu lassen, um mit Ihrem Partner alleine etwas zu unternehmen!
- Unternehmen Sie mit einem Ihrer älteren Kinder etwas alleine!
- Nutzen Sie Lokale, um neue Menschen kennenzulernen - sicher sind interessante dabei!
- Nutzen Sie die regionalen Events, Biergärten usw., um Ihre Beziehungsfähigkeit zu trainieren!

Genießen Sie!

Genießen können Sie nur, was Sie nicht brauchen.

Wenn Sie genießen, wenn Sie sich etwas gönnen, zeigen Sie sich, dass Sie sich mögen und sich etwas wert sind - eine wichtige Basis für Ihr Selbstwertgefühl.

Wählen Sie Aktivitäten aus, die anspruchsvoll sind, die Ihnen Spass machen, bei denen Sie möglichst viele Ihrer erworbenen Fähigkeiten, Eigenschaften und Kenntnisse nutzen können. Genießen Sie ohne irgendwelche Ziele oder Absichten.

Der Erfolg stellt sich dann von selbst ein, und Sie schaffen die Basis für eine lange physische und psychische Gesundheit.

Nutzen Sie Ihren Urlaub, um die schöne Landschaft, ein schönes Essen, einen guten Wein, ein Wellness-Angebot, einen Galeriebesuch usw. usw. zu genießen.

Steigern Sie Ihr Selbstwertgefühl!

Menschen, die ein stabiles Selbstwertgefühl haben, können Krisen besser bewältigen, sind belastbarer, trauen sich mehr zu, sind stressstabiler usw., kurz: sie sind gesünder.

Eigene Schwächen und Fehler an sich selbst zu sehen, sind Ausprägungen von Minderwertgefühlen und von einer negativen Grundeinstellung.

Schwächen kompensieren, schafft nur Mittelmaß.

Machen Sie sich Ihre Stärken bewusst! Wenn Sie Ihre Stärken kennen und ausbauen und Ihre mentalen Potenziale nutzen, sind Sie nachhaltig zufriedener, glücklicher und sind vor psychischen Krankheiten weitgehend geschützt.

Stärken stärken schafft Hervorragendes.

Nutzen Sie Ihren Urlaub um Ihre eigenen Stärken, positiven Eigenschaften und Fähigkeiten zu analysieren, zu registrieren und zu sammeln (am besten schriftlich).

Überlegen Sie nach jedem Urlaubstag, was an diesem Tag schön war, welches Erfolgserlebnis Sie hatten, wo Sie mutig waren, wo Sie glücklich waren - und halten das mit einem Satz in einem Tagebuch fest.

Wenn es Ihnen nach dem Urlaub einmal schlecht geht, brauchen Sie nur in diesem Tagebuch zu blättern, und sofort fühlen Sie sich wieder besser.

Strahlen Sie Selbstvertrauen aus!

Menschen, die Selbstvertrauen ausstrahlen, erleben, dass Sie von anderen akzeptiert werden, mehr Kontakte bekommen, andere auf sie zugehen usw. Kein Mensch kann sehen, wie es in Ihrem Inneren aussieht. Andere können nur sehen, wie Sie wirken.

Wenn Sie den Urlaub nutzen, um - egal, wie Sie sich fühlen- Selbstvertrauen zu simulieren, z.B.

- Sie sehen andere an und halten Blickkontakt
- Sie zeigen eine positive Mimik und lächeln
- Sie gehen „beschwingt"
- Sie machen beim Sprechen Gestik usw.,

dann werden Sie feststellen, dass Sie deutlich mehr Akzeptanz und Wertschätzung bekommen als vorher.

Wenn Sie sich im Urlaub Erfolgserlebnisse organisieren, d.h. wenn Sie Dinge tun oder erleben, die ungewöhnlich sind und die Sie bisher noch nie gemacht haben, stabilisiert das Ihr Selbstwertgefühl und bringt Ihnen die Akzeptanz durch andere - und außerdem macht es noch sehr viel Spaß.

Überlegen Sie einmal, was Sie Im Urlaub alles unternehmen können, was außergewöhnlich ist. Sie können z.B.

- Heißluftballon fahren
- Drachenfliegen
- Klettergarten
- Fallschirmspringen
- Segeln
- Klammwanderungen machen
- Einen Rundflug machen
- usw., usw.

Erleben Sie etwas, was Ihre Freunde zuhause nicht erleben!

Gesund sein heißt, sich psychisch, sozial und körperlich vollständig wohlzufühlen.

Ein Urlaub bietet Ihnen unerschöpflich viele Möglichkeiten, grundsätzlich etwas für Ihre Gesundheit zu tun.

© Cartoon
Erik Liebermann

Nach einem gesunden Urlaub geht vieles leichter

Denkzettel: Gesunder Urlaub

- Beginnen Sie jeden Tag energisch und lustvoll
- Schlafen Sie mit schönen Gedanken ein
- Freude ist Gesundheit für die Seele
- Freude macht Ihre Seele gesund
- Genießen Sie so oft es geht
- Pflegen Sie Ihre gute Laune
- Überlegen Sie sich für jeden Tag eine Belohnung
- Muße macht Sie gesund
- Registrieren Sie alles, was schön, gut und positiv ist
- Erzählen Sie zuhause nur Positives von Ihrem Urlaub

Gewissheiten

Ändern Sie Ihre Gewissheiten und Ihre Welt ändert sich

Gewissheiten: Konsequenzen

Gewissheiten oder Mentale Modelle sind subjektive Überzeugungen, die wir für wahr halten. Wir benötigen sie, um bei unseren Bewertungen und Entscheidungen subjektive Sicherheit zu bekommen. Darüber hinaus geben Sie uns Orientierung in unserer komplexen Welt.

Da wir bei Entscheidungen ein Bedürfnis nach Sicherheit haben, sind wir in der Regel nicht bereit, unsere Gewissheiten in Frage zu stellen. Wir interpretieren neue Informationen unter dem Aspekt unserer Gewissheiten und machen uns dadurch selbst gegen Veränderungen resistent. Je stärker eine Gewissheit für einen Menschen Monopolcharakter hat -das meint, je weniger er sie mit anderen teilt- desto starrer wird derjenige.

Negative Gewissheiten beeinflussen Ihre Einstellungen, Ihre Erfahrungen, Ihre Entscheidungen und Ihre gesamte Erlebnisfähigkeit **negativ**.

Positive Gewissheiten beeinflussen Ihre Einstellungen, Ihre Erfahrungen, Ihre Entscheidungen und Ihre gesamte Erlebnisfähigkeit **positiv**.

Entscheiden Sie selbst, was Sie verantworten wollen!

Beispiele für Gewissheiten:

- Es gibt Tage, da geht alles schief
- Ich kann mir Namen nicht merken
- Morgens brauche ich eine Anlaufzeit
- Das ist schwierig

- In München gibt es keine gute Currywurst
- Kaffee macht mich nervös
- Fremdsprachen liegen mir nicht
- Ich bin nicht musikalisch
- Ich sitze nicht gerne in der Bahn
- Ich fahre nicht gerne Auto
- Frauen sind schlechte Führungskräfte
- Dieses Ziel ist nicht erreichbar
- Ich bin von dieser Firma abhängig
- Der Mitarbeiter Meier ist schwierig
- Das neue Change-Management bringt nichts
- Mit dem Computer umgehen, lerne ich nie
- usw.

Gewissheiten ändern

Für Ihre eigene soziale Reife ist es wichtig, dass Sie sich Ihre Gewissheiten bewusstmachen, sie hinterfragen und sie auf ihre Realitätsorientierung überprüfen – erst dann können Sie Ihre Gewissheiten verantworten. Darüber hinaus ist es wichtig zu prüfen, ob die jeweilige Gewissheit Ihnen schadet oder ob sie Sie fördert; d.h. für Ihr Wohlbefinden ist es wichtig, negative Gewissheiten in positive umzuwandeln bzw. sich neue positive Gewissheiten zuzulegen.

Um Ihre Gewissheiten ändern zu können, müssen Sie sich klarmachen, wie Sie zu Ihren Gewissheiten gekommen sind. In der Regel haben Sie irgendwelche Bewertungen aus Ihrem sozialen Umfeld übernommen und haben sich dann angewöhnt, vergleichbare Situationen immer gleich wahrzunehmen, und diese Wahrnehmung hat sich dann zur Gewissheit manifestiert. (Wahrnehmung ist nichts anderes als die durch Ihre Werterfahrungen je subjektiv interpretierte Realität. Die tatsächlich gegebene Realität können wir als

Menschen nicht wahrnehmen.) Die Gewissheiten, die Sie unbewusst übernommen haben, können Sie letztlich nicht verantworten.

Formulieren Sie negative Gewissheiten in geeignete positive um oder finden Sie neue positive Gewissheiten, die für Ihre Beurteilungs- und Entscheidungsfähigkeit förderlich sind. Anschliessend machen Sie eine Liste mit Ihren positiven Gewissheiten, fixieren Sie sie an einem Ort, den Sie oft im Blickfeld haben (z.B. Bildschirmschoner), und lesen Sie sie so oft, bis Sie das Gefühl haben, dass Sie sie internalisiert und Sie damit Ihre Einstellung geändert haben.

Sammeln Sie alles was andere Negatives gesagt haben und, was Sie selbst über sich gedacht haben – und formulieren Sie es um in positive Formulierungen und Bilder. Die positiven Formulierungen müssen nicht unbedingt genau das Gegenteil aussagen, sie müssen nur dieselbe Thematik treffen

Negative Gewissheiten in positive umformulieren.

Beispiele:

Negative Gewissheiten	**Positive Gewissheiten**
Man muss misstrauisch sein	Ich vertraue meinen Kollegen
Im Frühjahr bekomme ich Grippe	Ich bin gesund
Das ist schwierig	Das schaffe ich
Der Meier macht Probleme	Ich kann mit Meier umgehen
Dieser Firma bin ich ausgeliefert	Ich habe einen Plan B
Ich bin ein Morgenmuffel	Morgens bin ich topfit
Ich fahre nicht gerne mit der Bahn	Ich fahre gerne mit der Bahn
Computer sind zu kompliziert	Computer nutzen, ist eine Chance

Mit Ihren Gewissheiten gestalten Sie Ihre Einstellungen

Positive Gewissheiten: Beispiele:

Damit Sie ein erfolgreiches, erfülltes und stressfreies Leben leben können, ist es wichtig, dass Sie sich positive realitätsorientierte Gewissheiten zulegen. Sie können auch positive Sätze aufschreiben, die Ihnen wünschenswert erscheinen.

Beispiele für Positive Gewissheiten:

- Ich bin gesund
- Mir geht es gut
- Meine Arbeit macht mir Spass
- Ich habe eine tolle Familie
- Ich interessiere mich für Neues
- Ich kann mir Namen gut merken

Positive Gewissheiten machen das Leben schöner

© Cartoon
Erik Liebermann

Legen Sie sich positive Gewissheiten zu

Denkzettel: Gewissheiten

- Unsere Gewissheiten sind unsere Gefängnisse
  (Albert Camus)
- Positive Gewissheiten machen frei
- «Du hast Dich ganz schön geändert, seitdem ich meine Einstellung zu Dir geändert habe»
- Wenn Sie eine Situation nicht ändern können, ändern Sie Ihre Einstellung
- Erfolgreiche Menschen haben erfolgsorientierte Gewissheiten
- Negative Gewissheiten reduzieren Ihre Lebensqualität
- Wenn Sie Ihre Gewissheiten ändern, ändert sich Ihr Leben
- Gewissheiten sind gefährlicher als Lügen
- Achten Sie darauf, dass Ihre Erfahrungen nicht zu Gewissheiten werden

Glücklich sein

"Da es förderlich für die Gesundheit ist, habe ich beschlossen, glücklich zu sein"

(Voltaire)

Was macht uns unzufrieden und unglücklich?

Alle negativen Gefühle, wie Neid, Angst, Ärger, Eifersucht usw., waren für unsere Vorfahren Strategien, um zu überleben - heute hindern sie uns lediglich daran, glücklich und zufrieden zu sein und stellen die Basis für einen Großteil unserer Zivilisationskrankheiten dar. Darüber hinaus weisen Untersuchungen nach, dass 85% der eigenen Ängste und Befürchtungen gar nicht eintreffen.

Alle Vergleiche mit dem sozialen Umfeld - „Der hat ein schöneres Auto", „Dessen Kinder sind erfolgreicher", „Der hat ein schöneres Haus" usw. usw. - machen unzufrieden. Dabei ist es unwichtig, ob es anderen tatsächlich bessergeht, oder ob wir es nur glauben.

Finanzieller und beruflicher Erfolg, sind übrigens keine Basis für Glück. Wenn Sie das allerdings glauben, werden Sie unglücklich.

Was ist eigentlich Glück?

Wenn Sie auf dem Weg zu einem eigenen Ziel sind, das Sie sich wirklich selbst ausgesucht haben, das erreichbar ist und bei dem Sie Ihre Stärken und positiven Eigenschaften einsetzen können, dann sind Sie glücklich.

Wenn Sie dieses Ziel dann erreicht haben, sind Sie zufrieden. Sie brauchen dann wieder ein neues eigenes Ziel, um wieder Ihr eigenes inneres Glück zu schaffen.

Ihr Glück müssen Sie selbst gestalten. Wichtige Voraussetzungen dafür sind:

- Gestalten Sie Ihr Leben interessant, abwechslungsreich, spontan und variabel. Das verhindert Gewohnheit und den immer gleichen Trott und ist eine wichtige Voraussetzung für Glück.

- Suchen Sie immer neue Freundschaften und machen Sie, wenn möglich, vertrauensvolle Beziehungen daraus. Sich ein gutes soziales Netz zu gestalten, scheint sogar eine notwendige Bedingung für ein glückliches Leben zu sein.

- Erarbeiten Sie sich ein autonomes (das meint ein von der Einschätzung durch andere unabhängiges) Selbstwertgefühl und stufen Sie sich in Ihrem sozialen Umfeld realistisch ein.

- Seien Sie altruistisch, teilen Sie, schenken Sie, bieten Sie Hilfe zur Selbsthilfe an. Das macht Sie und andere glücklich

- Stellen Sie durch Meditation das innere Gleichgewicht zwischen Körper und mentaler Einstellung her.
Goethe nennt das „Wohnen in sich selbst":

- Verzichten Sie auf Perfektionismus, Ehrgeiz, Vollkommenheit. Seien Sie zufrieden, wenn die Dinge, die Sie erledigen und die Sie erleben, „gut genug" sind - und Sie sind zufrieden.

- Sorgen Sie für Ihre körperliche geistige und mentale Fitness.

- Bemühen Sie sich um eine sinnvolle Arbeit oder Beschäftigung. Wenn das nicht geht, geben Sie Ihrer aktuellen Tätigkeit einen Eigen-Sinn.

- Suchen Sie vierblättrige Kleeblätter oder die „Blaue Blume" aus Ihrer Jugend; nicht, weil Sie Glück bringen, sondern weil Sie glücklich sind, wenn Sie sie finden.

- Seien Sie der Meister Ihres eigenen Lebens, reagieren Sie nicht auf Meinungen, Einstellungen und Vorstellungen Ihres sozialen Umfelds. Was andere von dem, was

Sie sind und haben halten, sollte Ihnen gleichgültig sein - solange Sie es verantworten können. Gestalten Sie Ihr Leben sinnvoll, aktiv und vergnüglich.

Ihr Glück müssen Sie selbst gestalten.

Führen Sie ein Glückstagebuch. Schreiben Sie regelmäßig - am besten täglich - Ihre glücklichen Erlebnisse auf und Sie werden feststellen, dass sich dadurch Ihre Wahrnehmung auf das Positive in Ihrem Leben richtet, und zu vielen Dingen wird sich Ihre Einstellung ändern.

Nicht die Dinge machen uns glücklich, sondern unsere Einstellung dazu.

Untersuchungen zeigen, dass glückliche Menschen erfolgreicher sind.

Professor Frey von der LMU München verordnet seinen Studenten „**Lebenslust**" und schlägt Ihnen vor, Pessimisten zu meiden, sich auf die eigenen Stärken zu konzentrieren und mit Schwung durchzustarten:

„Wenn die anderen aufwachen, sind Sie schon am Ziel" und Sie sind glücklich und gesund und erfolgreich.

© Cartoon
Erik Liebermann

Ihr Glück gestalten Sie selbst

Denkzettel: Glücklich sein

- Führen sie ein Glückstagebuch
- Nehmen Sie sich die Zeit Ihr Glück zu genießen
- Der Sinn Ihres Lebens ist es glücklich zu sein
- Sammeln Sie die glücklichen Momente Ihres Lebens
- Glücklich sind Sie, wenn Sie auf dem Weg zu einem eigenen Ziel sind
- Glücklich sind Sie, wenn Sie in einer Sache völlig aufgehen
- Das Glück liegt nicht in den Dingen sondern in Ihrer Bewertung der Dinge
- Das Glück ist immer vorne
- Genießen macht Ihr Leben glücklich
- Loslassen ist Ihr Schlüssel Ihrem Glück
- Lieben Sie Ihr Leben und Sie werden glücklicher sein

Höflichkeit

Höflichkeit ist die Solidarität der Schwachen
Starke respektieren andere

Viele Höflichkeitsrituale hatten früher eine Bedeutung, die heute weitgehen verlorengegangen ist.

Z.B. Die Hand hat man sich gegeben als Vertrauensgeste, um zu demonstrieren, dass man keine Waffe in der Hand hat.

Man hat den anderen vor sich durch die Tür gehen lassen, weil man verhindern wollte, dass jemand mit einem Dolch hinter einem war.

Soziale Distanz:

Viele Kontaktrituale wie „Guten Tag", „Wie geht's?", „Auf Wiedersehen", „Moin Moin", „Grüß Gott" usw. haben Ihren Gehalt verloren und schaffen letztlich nur noch soziale Distanz.

(Wann haben Sie das letzte Mal auf „Wie geht's?" außer „gut", eine inhaltliche qualitativ, der Situation entsprechende Antwort bekommen?)

Klassensystem:

Oft wird durch inhaltsfreie Rituale deutlich, dass Sie nur ein -meist antiquiertes - Machtsystem stabilisieren.

Niemand käme auf die Idee, seine Putzfrau ebenfalls mit „Gnädige Frau" anzusprechen, und diese würde sich dabei auch nicht wohlfühlen.

Ein Chef käme wohl auch nicht auf die Idee, seinem Fahrer die Autotür aufzumachen und aufzuhalten, damit er bequem einsteigen kann.

Respekt, Anerkennung, Wertschätzung:

Zeigen Sie anderen, dass Sie sie respektieren, dass sie für Sie wichtig sind, drücken Sie in geeigneter Form Ihre Wertschätzung aus.

Geben Sie Ihren Sozialkontakten die Wertschätzung, die dieser Person zusteht.

Beispiele: Ersetzen Sie „Guten Morgen" durch „Wie geht es Ihrem Sohn?" (wenn Sie wissen, dass dieser gestern mit dem Fahrrad gestürzt ist.)

Oder ersetzen Sie „Guten Tag" durch: „Wie war's gestern beim Chef?".

Ersetzen Sie „danke" durch „Sie haben mir wirklich ein gutes Stück weitergeholfen", oder „damit habe ich wirklich nicht gerechnet", oder „da ist Ihnen aber eine Überraschung gelungen!".

Statt „Entschuldigung" zu sagen, macht es mehr Sinn, spontan überhaupt nicht zu reagieren und mit zeitlichem Abstand zu erklären, was und wie es Ihnen passiert ist.

Helfen:

Wenn Sie jemand um Hilfe bittet, sollten Sie helfen. Ersetzen Sie dabei -wo immer möglich - vor allem bei Ihren Kindern-, Helfen durch „Hilfe zur Selbsthilfe". Nur dadurch kann derjenige selbständig werden und wird nicht zum „Dauerkunden".

Wenn Sie proaktiv helfen wollen, müssen Sie immer berücksichtigen, dass ungewollte Hilfe auch verletzen kann. Gerade Menschen mit geringem Selbstwertgefühl oder auch Behinderte empfinden es als Demütigung, wenn sie anderen hilfsbedürftig erscheinen. Darüber hinaus nehmen Sie dem Betroffenen die Möglichkeit, selbst ein Erfolgserlebnis zu erreichen. (Obwohl ich erst 80 bin komme mir immer alt vor, wenn im Bus jemand für mich aufsteht)

Bieten Sie keine ungewünschte Hilfe an

Denkzettel: Höflichkeit

- Unerwünschte Hilfe kann verletzen
- Helfen Sie, ohne abhängig zu machen
- Erfolgreiche Menschen können andere respektieren
- Sie schaden Menschen, wenn Sie etwas für sie tun, was diese selbst tun könnten
- Nur, wenn Sie selbst Selbstwertgefühl haben, können Sie andere respektieren
- Ersetzen Sie Höflichkeit durch Wertschätzung
- Höflichkeit kann Flucht vor Nähe sein
- Höfliche Menschen wirken oft farblos
- Wenn Sie andere respektieren, werden Sie von diesen respektiert

Intuition

Treffen Sie Entscheidungen rational und emotional

Im Lauf der Geschichte des Abendlandes haben wir gelernt, dem Verstand den Vorrang gegenüber dem Gefühl zu geben; d.h. wir legen Wert auf rationale Entscheidungen, das meint Entscheidungen, die wir begründen können.

Emotionale Entscheidungen, die wir auf der Basis unserer Intuition treffen, sind verpönt, da sie in der Zusammenarbeit mit anderen schwer vermittelbar sind.

Hirnforscher und erfolgreiche Manager sind sich einig, dass in unserer immer komplexer werdenden Welt die Entscheidungen, die wir rational, d.h. ausschließlich auf der Basis von Daten treffen, keine Sicherheit mehr bieten. (Auch früher schon sind erfolgreiche Erfinder, Forscher oder Unternehmer gegen den Strom geschwommen und haben an Ihre Intuition geglaubt.)

Woher kommt unser „Bauchgefühl", unsere Intuition?

Unser Gehirn hat zwei unterschiedliche Hemisphären: eine linear-logische Hemisphäre (bei etwa 90% der Menschen in Deutschland die linke), die für das sog. „Logische Denken", d.h. Argumente, Gründe, Erklärungen. usw. zuständig ist, und eine assoziative Hemisphäre (bei etwa 90% der Menschen in Deutschland die rechte), die für Bewertungen Erlebnisse, Erfahrungen, Vergleiche, usw. zuständig ist.

Die assoziative Hemisphäre hat unter anderem die Aufgabe, Argumente, Gründe und Fakten, die die linear-logische Hemisphäre aufnimmt, durch Vernetzung mit unserer Erfahrung, emotionalen Situationen, Ängsten, Zielen usw. zu bewerten, und daraus Konsequenzen abzuleiten, wodurch unbewusste Schlussfolgerungen entstehen, die wir Intuition nennen.

Erfahrung

Eine Intuition, die erfolgversprechende Lösungen finden soll, setzt Erfahrung voraus. Erfahrung sind die Lernprozesse aus eigenen Erlebnissen. (Den meisten Menschen fällt es schwer, aus Erlebnissen anderer zu lernen.)

Wichtig ist, dass Sie sich bewusst machen, dass es keine negativen Erfahrungen gibt: Bei negativen Erlebnissen entwickeln wir Strategien, die verhindern, dass sich ein Misserfolg wiederholt. Bei erfolgreichen Erlebnissen übernehmen wir die Vorgehensweisen und wiederholen sie, um wieder erfolgreich zu sein. Viele Menschen sind nicht bereit, aus Ihren Erlebnissen Erfahrungen zu machen. (Sie nennen dann das Erfahrung, was sie 30 Jahre lang falsch gemacht haben.) Wenn jemand 5 Jahre lang die gleiche Tätigkeit ausführt, ohne sich darüber Gedanken zu machen, was er verändern, verbessern, an neue Rahmenbedingungen anpassen kann usw., hat er zwar Routine, er macht aber keine Erfahrungen.

Für die Sinnhaftigkeit der Erfahrungen, die Sie machen, sind nur Sie selbst verantwortlich.

Beispiel: Wenn Ihnen in Neapel die Geldbörse gestohlen wird, können Sie daraus folgendes lernen, d.h. folgende Erfahrungen machen:

- Wenn ich das nächste Mal in Neapel spazieren gehe, nehme ich nur das nötige Kleingeld mit.
- In Neapel gehe ich nur mehr zu zweit oder zu dritt spazieren.
- Ich fahre nie mehr nach Italien.
- In Neapel / Italien wird man beklaut usw.

Welche Auswirkungen die Art Ihres Lernprozesses auf Ihre zukünftige Lebensgestaltung und Ihre Intuition hat, ist deutlich erkennbar.

Intuition trainieren

Die Vernetzung der zur Verfügung stehenden Fakten in der assoziativen Hemisphäre unseres Gehirns ist trainierbar, so dass Sie Ihre intuitiven Fähigkeiten bewusst verbessern können (Nach dem Hirnforscher Prof. Roth in Hamburg verlaufen 96% der Denkprozesse im Gehirn unbewusst):

- zum einen dadurch, dass Sie die vegetativen Reaktionen auf Ihre unbewussten Bewertungsprozesse im Gehirn bewusst registrieren und beachten (z.B. flaues Gefühl im Magen, Muskelverkrampfungen, Stuhldrang usw., oder erinnern Sie sich an die „Schmetterlinge im Bauch", wenn Sie verliebt waren).

- zum anderen können Sie sich regelmäßig spontan fragen, wie Sie sich in bestimmten Situationen aktuell entscheiden würden, was Sie aktuell tun würden, usw. – und Sie werden feststellen, dass dieses spontane Abrufen Ihrer Intuition immer besser funktioniert und in der Regel überlegenswert ist.

Intuition trainieren (mit Alpha-Techniken)

Der überwiegende Teil der Menschen (die Hirnforscher sprechen von etwa 95%) nutzen beim Denken primär nur eine Hemisphäre, entweder die linear-logische oder die assoziative. Mehrmals in der Nacht jedoch tauschen die beiden Hemisphären Daten aus. Sie kennen das vielleicht: Sie werden nachts kurz wach und es fällt Ihnen ein, was Sie gestern vergessen haben oder was Sie morgen unbedingt tun müssen, oder wie Sie bei einem bestimmten Problem vorgehen sollten usw. - dann sind Sie in der „Alpha-Phase" des Gehirns, in der beide Hemisphären zusammenarbeiten, und haben ein praktisches Beispiel für Ihre Intuition erlebt. Wenn Sie sich vornehmen, sich Ihre guten Ideen, die Ihnen nachts zufallen, zu merken, werden Sie feststellen, dass sich Ihr Unterbewusstsein immer öfter meldet.

Ergänzend oder alternativ können Sie eine qualifizierte Entspannungstechnik lernen (z.B. Entspannung nach Jakobson, Mentale Entspannung, Autogenes Training usw.). Diese versetzt Sie in den Alpha-Zustand, in dem Sie gezielt intuitive Ideen entwickeln. (Eine Lern-CD für Entspannungstechniken können Sie beim Autor bestellen.)

Rationale Entscheidungen trainieren

Auch wenn rationale Entscheidungen häufig suboptimal sind, benötigen wir sie, um in Besprechungen, Arbeitsgruppen, Kundengesprächen usw. unsere Entscheidungen bzw. Vorschläge durch Argumente und Gründe nachvollziehbar zu machen.

Wie können Sie rationale Entscheidungen trainieren?

Analysieren Sie erfolgreich getroffene Entscheidungen (evtl. zusammen mit Ihren Mitarbeitern oder Kollegen) auf Ihre Entscheidungsprinzipien und leiten Sie daraus handlungsleitende Werte für neue Entscheidungen in der Zukunft ab.

Beispiel:
Sie haben ein neues Produkt in den Markt gebracht, das gut angenommen wurde. Bei der Erfolgsanalyse stellen Sie fest, dass Sie Ihre Kunden, erfahrene Mitarbeiter und Zulieferer in den Entscheidungsprozess integriert hatten. Wenn Sie diesen Entscheidungsprozess zukünftig weiterverwenden, werden Sie wieder erfolgreiche Produkte entwerfen.

Nutzen Sie bei allen wichtigen Entscheidungen sowohl Ihren Verstand als auch Ihre Intuition, um erfolgreich zu sein.

© Cartoon
Erik Liebermann

**Nutzen Sie zum Lösen komplexer Probleme
Ihre Intuition**

Denkzettel: Intuition

- **Entscheiden tun Sie nicht nur im Kopf, sondern auch mit Ihrem Bauchgefühl**
- **Bauchentscheidungen machen Sie frei**
- **Verantwortet gestaltete Erfahrungen sind die Basis für Ihre Intuition**
- **Verlassen Sie sich auf Ihre Intuition**

Konflikt

Konflikte sind nicht durch Kompromisse zu bewältigen

Das Thema Konflikt ist besser zu verstehen, wenn Sie vorher den Aufsatz „Persönlichkeit" gelesen haben.

Zu unterscheiden sind Problem und Konflikt.

Problem ist die unterschiedliche Interpretation desselben Sachverhalts. Ein Problem findet nur auf der Sachebene statt und die Betroffenen können durch einen **Kompromiss** Konsens finden.

Konflikt ist ein Spannungszustand innerhalb einer Person oder zwischen Personen. Ein Konflikt findet auf der Beziehungsebene statt und ist nur durch eine **Entscheidung** zu bewältigen. (Der Versuch, einen Konflikt durch einen Kompromiss zu bewältigen, führt in der Regel zur Verstärkung des Konflikts).

Ob Sie in einen Konflikt involviert sind, erkennen Sie daran, dass Sie aggressiv werden. Die Psychologie unterscheidet zwischen zwei Formen von Aggression:

Die **Soziale Aggression** richtet sich gegen andere:
Wut, Ärger, Hass, Vorwürfe machen, Schuldzuweisung usw.

Die **Autoaggression** richtet sich gegen sich selbst:
beleidigt sein, verletzt sein, sich zurückziehen, verzichten, usw.

Wenn Sie auf Konflikte überwiegend mir **Sozialer Aggression** reagieren, haben Sie bald keine Freunde mehr und werden **einsam.**

Wenn Sie auf Konflikte überwiegend mit **Autoaggression** reagieren, alles in sich hineinfressen, werden Sie **krank**.

Konfliktentstehung

Wenn zwei Einflüsse aus dem nicht autonomen Bereich der Persönlichkeit etwa gleich stark sind und verschiedene Richtungen haben, entsteht ein Konflikt.

Ein Konflikt kann somit entstehen, wenn ein Anspruch mit einem anderen Anspruch oder ein Bedürfnis mit einem anderen Bedürfnis oder ein Anspruch mir einem Bedürfnis kollidiert.

Diese Erklärung gilt für die drei möglichen Arten von Konflikten:

- den intrapersonellen oder personalen Konflikt, d.h. den Konflikt innerhalb einer Person

- den interpersonellen oder zwischenmenschlichen Konflikt, d.h. den Konflikt zwischen zwei Menschen (oder zwei gleichwertigen Gruppen)

- und den Autoritäts- oder systemischen Konflikt, d.h. den Konflikt zwischen einer einzelnen Person und einem sozialen System (Firma, Arbeitsgruppe, Familie usw.)

Beispiele für eine Kollision zwischen zwei Ansprüchen:

Personaler Konflikt: Ein Mitarbeiter hat den Anspruch als „guter Vater" seine Kinder selbst ins Bett zu bringen und will deshalb nach der Arbeit rechtzeitig nach Hause gehen. Andererseits will er seinem Anspruch als „guter Mitarbeiter" gerecht werden und den Projektbericht heute noch fertig machen und deshalb etwas länger bleiben.
Da beide Ansprüche ihm gleich wichtig sind, weiß er nicht, was er tun soll: er ist **entscheidungsunfähig.**

Zwischenmenschlicher Konflikt: Der Mitarbeiter will nach Hause gehen, um seine Kinder ins Bett zu bringen. Der Chef will, dass der Mitarbeiter heute noch den Projektbericht fertig schreibt. Keiner von beiden kann verstehen, dass dem anderen sein eigenes Anliegen wichtiger ist. Beide sind nicht in der Lage, alterozentriert zu argumentieren: sie sind **kommunikationsunfähig.**

Systemischer Konflikt: Der Mitarbeiter will nach Hause gehen, um seine Kinder ins Bett zu bringen. Das Projekt-Team erwartet von ihm, dass er den Projektbericht heute noch fertig macht. Wenn er nicht nachgibt, wird er **integrationsunfähig** (in Firmen häufig als Mobbing zu erleben).

Weitere Beispiele für die Kollision **Anspruch gegen Ansprüche:**

- Eine Arbeit perfekt machen - gegen - einen Termin einhalten
- Das Tempolimit einhalten - gegen - pünktlich zum Termin erscheinen

Beispiele für Konflikte durch **Bedürfnis gegen Bedürfnis:**

- Gut essen gehen - gegen - Gesundheit
- Treue in der Ehe haben - gegen - sexuelles Abenteuer
- Autoritär sein - gegen - gemocht werden
- Rauchen - gegen - gesund bleiben

Beispiele für Konflikte durch **Anspruch gegen Bedürfnis**:

- Pflichtbewusstsein - gegen - Faulheit
- Schlank sein - gegen - gut essen gehen
- Guter Vater zu sein - gegen - dem Kind eine Ohrfeige geben

Konsequenzen

Menschen, die Ihre Personalen Konflikte nicht aufarbeiten, werden im Laufe ihres Lebens immer **entscheidungsunfähiger**.

Ehepartner und Teams, die ihre zwischenmenschlichen Konflikte nicht aufarbeiten, werden immer **kommunikationsunfähiger**. (Streiten und Schweigen sind keine Kommunikation.)

Soziale Systeme, die die Konflikte mit Andersdenkenden (z.B. Dissidenten, AFD usw.) nicht aufarbeiten, werden immer autoritärer und **integrationsunfähiger.**

Konfliktverhalten

Beim Umgang mit zwischenmenschlichen Konflikten lassen sich grundsätzlich fünf verschiedene Verhaltensweisen unterscheiden, wobei wichtig ist, dass eine echte Konfliktbewältigung nur dann geschehen kann, wenn es keinen Verlierer gibt. Sobald einer der Konfliktbeteiligten das Gefühl hat, er sei in diesem Konfliktfall der Verlierer, wird langfristig der nächste Konflikt programmiert. (Die folgenden Gedanken gelten sinngemäß auch für den personalen Konflikt.)

Eine der Verhaltensweisen im Umgang mit Konflikten ist die **Konfliktvermeidung.** Die beiden Konfliktbeteiligten gehen entweder dem Konflikt aus dem Wege oder, was noch häufiger der Fall ist, sie erkennen gar nicht, dass sie einen Konflikt haben. Sie nehmen den Konflikt als solchen nicht wahr.

Bei der Konfliktvermeidung ergibt sich für keinen der Beteiligten einen Erfolg in Bezug auf ihre Interessen; d.h. bei der Konfliktvermeidung entstehen zwei Verlierer.

Die nächste Möglichkeit ist die **Soziale Aggression.** Wenn einer von beiden in dominantes Verhalten verfällt, wenn er z.B. brüllt, Schuldzuweisungen, Vorwürfe, usw. macht. hat er situativ für seine eigenen Interessen nur einen begrenzten Erfolg. Es gibt also einen Sieger und einen Verlierer.

Die nächste Möglichkeit ist die **Autoaggression,** die Aggression gegen sich selbst. Wenn einer der Konfliktbeteiligten verzichtet, beleidigt ist, frustriert ist, sich zurückzieht, bedeutet das für die Interessen des anderen Partners einen situativ begrenzten Erfolg. Es gibt einen Verlierer und einen Sieger.

Eine weitere Möglichkeit ist der **Kompromiss.** Beim Kompromiss einigt man sich auf eine suboptimale Lösung, d.h.

beide haben begrenzten Erfolg. Als Ergebnis ergeben sich zwei relative Verlierer, und der Konflikt wird stärker wiederkehren.

Die fünfte Möglichkeit ist die **Konfliktbewältigung.** Konfliktbewältigung meint, die Ansprüche und Bedürfnisse, d.h. die unbewussten Wertsysteme der Konfliktbeteiligten werden bewusst gemacht und sind dadurch einer Integration zugänglich. Erst dadurch ist es möglich, ein alle Konfliktbeteiligten zufriedenstellendes Ergebnis zu erreichen und damit zwei Gewinner zu bekommen.

Die aus der Sicht des verantworteten Umgehens miteinander einzig tragfähige Lösung ist die **Konfliktbewältigung** oder **Konfliktintegration.** Nur so entsteht für die Interessen aller Konfliktbeteiligten maximaler Erfolg oder mit anderen Worten: **Es gibt zwei Gewinner**

Konfliktpotenziale

Jede starke Ausprägung eines Inhalts aus den Komponenten „Anspruch" bzw. „Bedürfnis" stellt ein Konfliktpotenzial dar. Nur wenn das soziale Umfeld zu diesem Konfliktpotenzial eine andere Einstellung hat, kommt es zu einem Konflikt.

Wenn einem Menschen Pünktlichkeit sehr wichtig ist und seine Kollegen und Freunde kommen häufig zu spät kommen oder sie ihre Unterlagen nicht rechtzeitig bei ihm abliefern, wird er sich über sie ärgern; d.h. er hat einen **Personalen Konflikt**.

Wenn er seinen Kollegen deswegen Vorwürfe macht, wird daraus u.U. ein **Zwischenmenschlicher Konflikt**.

Wenn Sie sich einige Zeit notieren, worüber Sie sich geärgert haben oder was Sie wütend gemacht hat bzw. was Sie verletzt oder beleidigt hat, werden Sie feststellen, dass es immer wieder dieselben Themen sind. Diese Themen sind Ihre Konfliktpotenziale.

Konfliktfähigkeit
Strategien zur Reduzierung Ihrer Konfliktpotenziale

Wenn Sie bereits in einen Konflikt involviert sind, Sie sich minderwertig fühlen oder sich ärgern und damit Adrenalin geschüttet wird, ist es sehr schwer bzw. unmöglich, bewusst zu handeln und strategische vorzugehen. In der Regel können Sie nur mehr reagieren und sind Ihren Gefühlen ausgeliefert.

Deutlich einfacher ist es, die eigenen Konfliktpotenziale in einer ruhigen Minute so zu verändern, so dass sie bei Ihnen nicht mehr zu personalen Konflikten führen. Dann können Sie auch den Konfliktangebote Ihrer Mitmenschen (in Form von Vorwürfen, Schuldzuweisungen usw.) gelassener begegnen. Um diese Reduzierung Ihrer Konfliktpotenziale zu erreichen, gibt es die Möglichkeiten: Sie können ihre Konfliktpotenziale **eliminieren, operationalisieren oder transformieren.**

Konfliktpotenziale eliminieren

Es gibt viele Ansprüche und Bedürfnisse, die oft zu personalen oder zwischenmenschlichen Konflikten führen, auf die Sie aber verzichten könnten, weil Sie Ihnen nicht so wichtig sind. Wenn Sie bei einem der folgenden Beispiele der Meinung sind, Sie könnten darauf nicht verzichten, dann wählen Sie einfach eine andere Strategie. Beispiele: Schuldzuweisung oder Vorwürfe machen, Fernsehprogramm, usw.
(Je nachdem, wie tief die Konfliktpotenziale bei Ihnen internalisiert sind ist es sinnvoll die für Sie am besten geeignete dieser Strategien auswählen.)

Konfliktpotenziale operationalisieren

Wenn Ansprüche und Bedürfnisse sind nicht genau genug definiert sind, können Sie sie nicht vollständig befriedigen. Was meint z.B. „gute Mutter", „guter Mitarbeiter", „guter Staatsbürger", „sparsam sein", „Gutes tun"? Viele dieser Konfliktpotenziale führen zu einem schlechten Gewissen, weil Sie das Gefühl haben, dass Sie noch mehr machen könnten. Diese Konfliktpotenziale sind für das Operationalisieren geeignet. Beispiele für eine konkrete Zielbildung beim Anspruch „Guter Vater sein" könnten sein:

- Drei Mal in der Woche erzähle ich meinen Kindern eine „Gute-Nacht-Geschichte" und
- Einen Tag in der Woche habe ich ganz Zeit für meine Kinder und
- Ich teile ein Hobby mit meinem Kind / meinen Kindern und einmal im Monat habe ich das ganze Wochenende Zeit für sie usw.

Nur wenn Sie Ihr Ziel genau definiert haben, sind Sie entscheidungs- und handlungsfähig.

Konfliktpotenziale transformieren

Zu jedem unbewusst entstandenen Bedürfnis und Anspruch, lässt sich ein bewusster und eigenverantwortlicher autonomer Wert finden, der nicht zu Konflikten führt. Sie können jedes Bedürfnis und jeden Anspruch, mit dem Sie selbst nicht zufrieden sind, und auch jedes Konfliktpotenzial in einen autonomen handlungsleitenden Wert transformieren. Dies geschieht durch Selbstreflexion und durch Gespräche mit Freunden auf gleicher Augenhöhe.

Beispiele:

- Anerkennung können Sie durch Steigerung ihres Selbstwertgefühls ersetzen.
- Misserfolgsanalysen können Sie durch Erfolgsanalysen ersetzen.
- Helfen wollen, können Sie durch Hilfe zur Selbsthilfe ersetzen.

Alle drei Strategien zur Reduzierung Ihrer Konfliktpotenziale führen dazu, dass die autonome Komponente Ihres Persönlichkeitsprofils – relativ oder absolut – zunimmt.

Die Reduktion Ihrer Konfliktpotenziale bedeutet Persönlichkeitsentwicklung.

Jeder Konflikt ist eine Chance, autonomer zu werden

Denkzettel: Konflikt

- Soziale Aggression macht einsam
- Autoaggression macht krank
- Bei der Bewältigung von Konflikten darf es keinen Verlierer geben
- Lernen Sie, Konflikte als Chancen zu sehen
- Ein Leben ohne Konflikte ist langweilig
- Ein Konflikt ist immer ein Teil von Ihnen selbst
- Eine Beziehung ohne Konflikt ist tot

Kontaktfähigkeit

Zeigen Sie Interesse an Ihrem Gesprächspartner!

Die Möglichkeit, mit beliebigen Menschen aktiv Kontakt aufzunehmen, ist eine der wichtigsten Fähigkeiten für alle Menschen und natürlich vor allem für Führungskräfte.

Strategien zur Kontaktaufnahme:
- Gehen Sie regelmäßig auf Menschen zu und sprechen Sie sie an.
- Vor der Kontaktaufnahme spiegeln (siehe unten) Sie die aktuelle Körpersprache der Person, zu der Sie Kontakt suchen.
- Sprechen Sie Ihren Gesprächspartner auf die Aktivität an, die er gerade macht und zwar nicht als Frage, sondern als Aussage: z.B. „Sie sehen das Bild an" oder „Sie streichen Ihren Zaun". Sie werden sofort erläutert bekommen, warum er das macht.
- Praktizieren Sie in Gesprächen Echotechniken (siehe unten).
- Eigenen Sie sich Know-how in einigen Themen (3-5) an, um jederzeit einen qualifizierten Small-Talk führen zu können.
- Animieren Sie Menschen (z.B. durch Fragen) dazu, „Ich-Aussagen" im positiven Bereich zu machen.

Nonverbale Kontaktaufnahme

Die Körpersprache ist eines der wichtigsten Kontaktinstrumente, die wir haben. Über 90% der Information, die wir bei einem Kontakt aufnehmen, werden über die Körpersprache vermittelt. (Haben Sie schon einmal erlebt, dass Ihnen ein Mensch, bevor er einen Ton sagte, unsympathisch oder sympathisch war?).

Wenn Sie mit jemandem Kontakt aufnehmen wollen, ist es wichtig, dessen Körpersprache (etwas reduziert) zu spiegeln; z.B.: Sie sitzen oder stehen so ähnlich wie er. Wenn der andere etwas anschaut, schauen Sie auch dahin. Wenn er sein Bierglas in die Hand nimmt, nehmen Sie Ihres auch usw. usw. Ein Mensch, dessen Körpersprache Sie spiegeln, findet Sie sympathisch.

Wenn Sie mit jemandem sprechen, versucht Ihr Gesprächspartner (unbewusst) das, was Sie sagen, an Hand Ihrer Körpersprache zu bewerten.

Es ist deshalb wichtig, dass Sie sich dem Gesprächspartner bewusst zuzuwenden und Ihre Worte durch Ihre Körpersprache zu unterstützen.

Körpersprachliche Zuwendungsstrategien sind:
- Halten Sie Blickkontakt!
- Wenden Sie ihm Kopf und Bauch zu!
  (Nasen – Nabel – Linie)
- Vermeiden Sie Barrieren (Arme verschränken, Beine übereinanderschlagen)!
- Halten Sie Ihre Hände entspannt, offen im Sichtbereich des Gesprächspartners!
- Bestätigen Sie mit Ihrer Mimik (oder Worten), dass die Botschaft angekommen ist!
- Unterstützen Sie Ihre Worte durch Gestik!

Nonverbale Bestätigungen

Die nonverbalen Bestätigungen geben Ihrem Gesprächspartner die Gewissheit, dass Sie ihm zuhören, dass das, was er sagt, für Sie wichtig und interessant ist. (Wenn Sie auf diese Bestätigung verzichten, wird er länger und schneller sprechen, um sicherzustellen, dass seine Botschaft bei Ihnen ankommt.)

Beispiele:
- die Augen leicht zusammenkneifen
- mit der Mimik Erstaunen, Ärger, Überraschung usw. zeigen
- zustimmende oder abweisende Gestik
- zustimmende oder abweisende Geräusche (vor allem am Telefon)
- usw.

Altruistische „Ich-Botschaften"

sind Aussagen über die eigene aktuelle Befindlichkeit, die den Gesprächspartner emotional bestätigen und die Beziehung zu ihm festigen.

Beispiele:
- das kann ich gut verstehen
- das kann ich nachvollziehen
- das macht mich betroffen
- usw.

Alterozentrierte Bestätigungen

bestätigen den Gesprächspartner rational und sind für den Meinungstransfer oder Interessensausgleich geeignet.

Beispiele:
- das ist gut so
- das ist nachvollziehbar
- das ist ganz schön schwierig
- richtig
- usw.

Egozentrische „Ich"-Aussagen

schaffen eine starke Distanz zum Gesprächspartner

Beispiele:
- das kenne ich schon
- das weiss ich
- das habe ich da und da auch schon erlebt, usw.

Partnerorientierte Fragen

Interesse am Gesprächspartner können Sie dadurch zeigen, dass Sie ihn durch geeignete Fragestellungen dazu animieren, Ich-Aussagen im positiven Bereich zu machen.

Wenn Sie dann in der Lage sind, auf eigene egozentrische Ich-Aussagen zu verzichten, wird Ihr Gesprächspartner Sie sympathisch finden.

Wenn Ihr Gesprächspartner etwas erzählt, ist es wichtig, dass Sie Ihr Interesse an dem Erzählten zeigen, indem Sie z.B. Fragen zu dem Erzählten stellen und vor allem, dass Sie bei nächster Gelegenheit wieder von sich aus auf die Themen zu sprechen kommen, die Ihrem Gesprächspartner wichtig sind („Wie ging es Ihrem Sohn im Abitur?" oder „Ist Ihr Wagen jetzt wieder in Ordnung?").

Wenn Sie auf dem Weg zur Arbeit, zu Freunden, zum Verein überlegen, wen Sie bei der Begrüßung was fragen, ist das eine wichtige Strategie für Ihre eigene Integration.

Zuhören

Wenn Sie Kontakt aufbauen wollen, ist es wichtig, dass Sie Ihrem Gesprächspartner altruistisch zuhören. Das meint, dass Sie ihn emotional in den Mittelpunkt stellen. Dadurch zeigen Sie ihm, dass Sie sich für ihn interessieren.

Das Ziel des Altruistischen Zuhörens ist es, die Beziehung zum Gesprächspartner aufzubauen, zu festigen oder wiederherzustellen.

Hierfür eignen sich folgende Verhaltensweisen:

Entschlüsseler

Eingeworfene Worte, die nicht unterbrechen und den Gesprächspartner zum Weitersprechen veranlassen

Beispiel:
nämlich, ach so, oh Gott, usw.

Echotechniken

Echotechniken veranlassen den Gesprächspartner - ohne dass er sich unterbrochen fühlt - die genannten Begriffe näher zu erläutern. Sie sind ein geeignetes Mittel, um Ihren Gesprächspartner zum Weitersprechen zu animieren und das Gespräch in die Richtung zu steuern, die Sie wollen - ohne, dass er es merkt (z.B. beim Kundengespräch, im Gespräch mit einem Mitarbeiter oder mit Freunden).

Beispiele:

- Aussage: „Die Firma YX hatte 2014 eine Umsatzsteigerung von 12 %"

Sie wiederholen:

- Echo 1: das letzte Wort Ihres Gesprächspartners
    z.B.: „12%"

- Echo 2: ein Reizwort aus der Aussage Ihres Gesprächspartners
    z.B.: „2014"

- Echo 3: ein Synonym des Reizwortes Ihres Gesprächspartners
    z.B.: „letztes Jahr"

- Echo 4: ein körpersprachlich negativ belegtes Wort Ihres Gesprächspartners
    z.B.: „Firma YX"

Verbalisieren

Um einen guten Kontakt zu Ihrem Gesprächspartner (Kunde, Mitarbeiter, Familienmitglied usw.) herzustellen, dürfen Sie nie auf das reagieren, was Sie verstanden haben, was Sie gehört haben oder was der andere „wortwörtlich" gesagt hat. (Wenn Sie jemand ärgern wollen, denken Sie ja auch: „den nehme ich beim Wort")

Sie dürfen erst reagieren, wenn Sie durch Verbalisieren überprüft haben, ob Sie das verstanden haben, **was der andere gemeint** hat.

Verbalisieren bedeutet: die Wiederholung der Aussage des jeweiligen Gesprächspartners mit anderen Worten, als „Sie"-Aussage.

Beispiele für einen Einstieg mit „Sie"-Aussagen:

- „Sie" sagen ...
- „Sie" gehen davon aus ...
- „Sie" überlegen ...
- „Sie" denken an ...
- „Sie" meinen...
- „Sie" glauben ...
- „Sie" fragen sich ...
- usw.

Aussage: Bei diesem Wetter habe ich keine Lust, auf den Golfplatz zu gehen.

Verbalisierung: Sie sagen, wenn die Sonne scheint, macht Ihnen Golfspielen mehr Spaß.

Verbalisieren ist ein der wichtigsten Strategien des Zuhörens und garantiert, dass Ihre Reaktion auf die Aussage Ihres Gesprächspartners nicht zu einem Konflikt führt.

Interesse am Partner schafft Kontakt

Denkzettel: Kontaktfähigkeit

- Kontakt bekommen Sie durch Gemeinsamkeiten
- Wenn Sie leise klopfen, wird Ihnen gerne geöffnet

Nein sagen

Steigern Sie Ihre Lebensqualität

Nehmen Sie sich einmal wirklich Zeit für sich selbst, entspannen Sie sich und überlegen, wie Sie Ihre innere Zufriedenheit und Ihre Lebensqualität grundsätzlich verbessern können. Überlegen Sie sich, wie Sie Ihre Zukunft möglich machen können, welche Themen Sie sich erarbeiten wollen, wie Sie Ihre Beziehung(en) gestalten, was Ihre Lebensfreude wirklich garantieren könnte, usw. usw.

Erst wenn Sie Ihre eigenen Prioritäten gefunden haben, können Sie entscheiden, welche Aktivitäten Ihre eigenen Ziele – und damit Ihre Lebensqualität – unterstützen. Erst, wenn Sie genau wissen, was Ihnen wichtig ist, können Sie entscheiden, bei welchen Anliegen und Aufgaben, mit denen andere auf Sie zukommen, Sie bewusst «nein» sagen.

Wenn ein Freund, ein Kollege, Ihr Chef oder Ihr Kind mit einem Anliegen zu Ihnen kommt oder Sie bittet, etwas für sie zu erledigen oder ihnen zu helfen, ist die Versuchung groß, diesen Menschen den gewünschten Gefallen zu erweisen.

Wenn Sie diese Erwartung erfüllen, hat das ja auch viele Vorteile für Sie: Sie sind beliebt, man mag Sie, man ist Ihnen dankbar, Sie bekommen Bestätigung usw. Letztlich machen Sie sich mit solchen Gefälligkeiten vermeintlich viele Freunde.

Die andere Seite der Medaille ist: Wenn die Aufgaben, die Sie übernehmen, für Ihren eigenen Aufgabenbereich und Ihre eigenen Interessen unwichtig sind, tragen sie nicht zu Ihrem eigenen Erfolg bei und sie hindern Sie, Ihre eigenen Aufgaben bzw. die Dinge, die Ihnen wichtig sind, quantitativ und qualitativ hochwertig zu erledigen. Darüber hinaus besteht die Gefahr, dass Sie nach dem Motto

„Einem willigen Esel packt jeder etwas drauf"

immer öfter missbraucht werden und Sie letztlich sich selbst überlasten und stressen.

Wenn Sie „ja" sagen, wenn Sie eigentlich „nein" meinen, unterdrücken Sie letztlich Ihre eigenen Interessen und Bedürfnisse und gefährden damit Ihre Gesundheit. Anderen häufig gefällig zu sein, beinhaltet ein starkes Risiko einen „Burnout" zu bekommen. Andererseits machen Sie es sich auch noch schwer, von diesen Menschen respektiert zu werden. In der Regel hört die Freundschaft auf, wenn Sie nicht mehr im Sinne Ihrer vermeintlichen Freunde funktionieren.

Vorteile durch „Nein-Sagen"

Wenn Sie konsequent darauf achten, dass bei allen Aufgaben, die auf Sie zukommen, die Ihrer Meinung nach **unwichtig**, bzw. **unzumutbar** sind, „nein" zu sagen, d.h. abzulehnen sie zu erledigen, werden Sie feststellen, dass die Akzeptanz Ihrer Person zunimmt und die Qualität Ihrer Arbeit steigt. Respekt bekommen Sie nur, wenn Sie ein klares Profil haben und bemerkt werden. „Nein-Sagen" ist beruflich und privat eine der wichtigsten Voraussetzungen für ein „Erfülltes und erfolgreiches Leben" und den Erhalt Ihrer Selbstachtung und für gute Beziehungen, die auch dann standhalten, wenn Belastungen auftauchen.

„Nein-Sagen" ist eine der wesentlichen Komponenten zur Steigerung Ihres Selbstwertgefühls und Ihrer Lebensqualität.

„Nein-Sagen" für Führungskräfte (und für Eltern)

Wenn ein Mitarbeiter ein Arbeitsergebnis abliefert, mit dem Sie nicht zufrieden sind, und Sie erklären ihm, wie es richtig sein muss oder zu machen ist, oder Sie machen es dann selbst, wird der Mitarbeiter denkfaul und er entwickelt die Einstellung: „Wenn ich mit einer Aufgabe nicht zurechtkomme, hilft mir der Chef schon". Ausserdem wird sich Ihr Mitarbeiter kaum weiterentwickeln. Darüber hinaus erledigen Sie immer mehr zweitklassige (operative) Aufgaben und kommen immer weniger dazu, Ihre eigenen (strategischen) Aufgaben zu erledigen. (Wenn Sie dem Mitarbeiter nicht sagen, wie es geht, obwohl Sie es könnten, brauchen Sie natürlich ein stabiles Selbstwertgefühl, weil Sie darauf verzichten zu zeigen, was Sie alles beherrschen und wie großartig Sie sind.)

Wenn Sie sich weigern, Fragen, wie, „Wie soll ich das machen?" oder „Wie stellen Sie sich das vor?" usw. zu beantworten, zwingen Sie Ihren Mitarbeiter, sein Know-how einzubringen, sich eigene Gedanken zu machen und eigene akzeptable Ergebnisse abzuliefern. Wichtiges Führungs- bzw. Erziehungsprinzip:

Fordern Sie Lösung und Vorschläge, anstatt Fragen zu beantworten

© Cartoon
Erik Liebermann

**Bringen Sie mir keine Fragen,
bringen Sie mir Antworten !**

Denkzettel: Nein sagen

- Wenn Sie Grenzen ziehen, werden Sie respektiert

- Pflichten entstehen dadurch, dass Sie nicht rechtzeitig nein sagen

- Jedes bewusste Nein ist ein Schritt in die eigene Freiheit

- Erfolgreiche Menschen können „Nein" sagen

- Sagen Sie bewusst „Nein!" – das schafft Freiräume für wichtige Aufgaben

Persönlichkeit: Konsequenzen

Schuldgefühle sind Erziehungssignale

Durch die Erziehung, bzw. durch die Sozialisation in der Gesellschaft, wurden bei Ihnen Werte installiert, die als eigener Anspruch wirken und die als interne Kritiker dafür sorgen, dass Sie sich gesellschaftskonform verhalten. Diese Kritiker lösen bei Fehlverhalten Schuldgefühle bzw. ein „schlechtes Gewissen" aus. Häufige Schuldgefühle führen in der Regel zu Minderwertfühlen oder Kompensationsstrategien. Wenn Sie mit Ihrem Verhalten in einer Situation nicht zufrieden sind, weil Sie gegen Ihren eigenen Anspruch verstoßen haben, ist das kein Grund für ein schlechtes Gewissen. Es geht lediglich darum zu überlegen, wie Sie in Zukunft in einer vergleichbaren Situation handeln.

Schuldzuweisung ist der Versuch, Macht auszuüben

Wenn Ihnen jemand Schuld zuweist oder Vorwürfe macht, ist das der Versuch, sein Wertsystem oder seine Vorstellungen auf Sie zu übertragen, um dadurch Macht über Sie zu bekommen.

Wer anderen Vorwürfe macht, hat einen personalen Konflikt.

Die richtige Reaktion auf Schuldzuweisung nimmt dem anderen die Macht.

Entschuldigung ist freiwillige Unterwerfung

Wenn Sie sich in einer Situation spontan für Ihr Verhalten entschuldigen oder rechtfertigen, unterwerfen Sie sich freiwillig dem Wertsystem Ihres Gesprächspartners. Sie kommunizieren nicht mehr auf gleicher Augenhöhe mit ihm und Sie können nicht erwarten, dass Ihr Gesprächspartner Sie als Persönlichkeit akzeptiert.

- Entschuldigen Sie sich nie spontan. Wenn Sie bei geeigneter Gelegenheit Ihr Verhalten erklären, bleibt Ihre Akzeptanz erhalten.
- Entschuldigen Sie sich nie, wenn Sie ein schlechtes Gewissen haben, da sonst Ihre Fremdsteuerung ständig zunimmt.
- Entschuldigen sollten Sie sich nur,
  wenn Sie bewusst jemanden verletzt haben
  oder aus strategischen Gründen.

Kompensation von Minderwertgefühlen

Misstrauen, Arroganz, Eitelkeit, Eifersucht, Neid, Geiz, Bosheit, Nörgeln, autoritäres Verhalten usw., stellen in der Regel die Kompensationen von Minderwertgefühlen dar.

Menschen mit Minderwertgefühlen versuchen häufig, andere durch dominantes Verhalten zu unterwerfen.

Menschen mit Selbstwertgefühl akzeptieren sich und andere so, wie sie sind, und klären unterschiedliche Meinungen und Konflikte auf gleicher Augenhöhe.

Schuldgefühle und Sorgen sind Sondermüll

Sorgen und Ängste sind Fantasien über mögliche negative Entwicklungen in der Zukunft. Sorgen reduzieren die Vorfreude auf die Zukunft.

Schuldgefühle reduzieren die positive Erinnerung an die Vergangenheit.

Denken Sie nur über Dinge nach, die Sie ändern wollen und können.

Disziplinierung von Menschen

Um Menschen in soziale Systeme zu integrieren (z.B. in Familie, Sportverein, Kirche, Firma) oder um sie zu disziplinieren, werden Regeln aufgestellt (Tischsitten, Fairnessregeln, 10 Gebote, Führungsgrundsätze). Diese Regeln internalisiert der Mensch in der Regel unbewusst als Anspruch. Dieser Anspruch wirkt auf ihn wie eine interne Fremdsteuerung.

Wenn die Mitglieder diese Regeln einhalten, ist das soziale System stabil.

Wenn sie die Regeln nicht einhalten, entwickeln sie in der Regel ein schlechtes Gewissen und sind dann bereit, in Zukunft die Regeln einzuhalten.

Wenn die Menschen die Regeln öfter nicht einhalten, bekommen sie von den anderen Mitgliedern Vorwürfe mit dem Ziel, die Einhaltung in Zukunft zu erreichen.

Wenn der Mensch sich dann immer noch nicht an die Regeln hält, wird er bestraft. Bestrafung geschieht in unserer Kultur in der Regel durch Entzug eines Bedürfnisses (Freiheit, Geldstrafe, Himmelreich, Anerkennung, usw.)

Nach einiger Zeit verzeiht man ihm (Punkte in Flensburg, Absolution, usw.) und geht davon aus, dass er spätestens jetzt diszipliniert ist und die Regeln akzeptiert.

Die Akzeptanz von Regeln erreichen Sie sozial verträglicher, wenn alle Betroffenen bei der Entwicklung der Regeln beteiligt sind.

Selbsterkenntnis

Selbsterkenntnis meint nicht nur, die unbewussten Ansprüche und Bedürfnisse zu entdecken, die in der eigenen Person präsent sind. Sie meint auch, bewusst zu entscheiden, wie Sie sein möchten, bezogen auf Herausforderungen, auf Aufgaben, die Ihnen Spaß machen und die Ihnen wichtig sind, eingebunden in das Netzwerk der eigenen Beziehungen (Familie, Freunde, Kollegen usw.).

Entwickeln Sie Ihre Persönlichkeit in Bezug auf die gewünschten Herausforderungen und das gewünschte soziale Umfeld.

Entwicklungsmöglichkeiten des Menschen

In der Psychologie ist es unumstritten, dass der Mensch die Komponenten seiner Persönlichkeit ändern kann, wenn er es selbst will.

- Etwa 50% der Menschen ändern im Laufe ihres Lebens ihr Persönlichkeitsprofil deutlich - meist im Sinne von Anpassung an veränderte Situationen und nicht als eigenverantwortlich gestalteter Prozess.
- Erst mit etwa 50 Jahren ist der Mensch einigermaßen „gefestigt".
- Die Prägung geschieht über Bezugspersonen und Position in der Geschwisterreihe. (Alle Erstgeborenen aus verschieden Familien sind sich häufig ähnlicher als Geschwister.)
- Die Anpassung an die Gesellschaft und die sozialen Systeme geschieht über hierarchischen Einfluss.
- Der Haupteinfluss nach der Pubertät ist das soziale Umfeld.
- Die Änderung des sozialen Umfeldes verursacht und unterstützt die Veränderungsprozesse.
- Die Bewältigung von Konflikten, Krisen, Krankheiten und Katastrophen ist eine Chance für Veränderung (unabhängig vom Lebensalter).
- Alle Komponenten seiner Persönlichkeit kann der Mensch ändern - wenn er es will.
- 95 - 98% dessen, was Menschen tagtäglich tun, machen sie nicht reflektiert, sondern reagieren auf unbewusste Ansprüche und Bedürfnisse.

© Cartoon Erik Liebermann

Entwickeln Sie Ihre Persönlichkeit selbst weiter

Denkzettel: Persönlichkeit Konsequenzen

- Lebendig sein heißt, sich ständig bewusst weiter zu entwickeln
- Weiterentwicklung muss zur Gewohnheit werden
- Je schwerer Ihnen eine Veränderung fällt, desto wichtiger ist sie
- Geben Sie der Vergangenheit keine Macht über Sie, sie ist vorbei
- Ihre Schuldgefühle macht Ihnen Ihr innerer Gerichtshof – nicht Sie
- Wenn Sie Ihren Kindern alle Hindernisse wegräumen, werden sie keine Persönlichkeiten
- Sie müssen auch verantworten, wenn Sie sich nicht ändern
- Nur, wenn Sie Ihre eigenen Werte leben, leben Sie ein „Erfülltes Leben"
- Nur, wenn Sie Ihre eigenen Werte leben, leben Sie Ihr Leben.

Persönlichkeit

Die Struktur Ihrer Persönlichkeit entscheidet darüber, ob Sie sich verhalten oder verantwortbar handeln.

(Verhalten oder reagieren meint unbewusstes Tun. Handeln oder agieren meint bewusstes Tun)

Unsere Persönlichkeit wird durch drei Einflussgrößen bestimmt, die uns veranlassen, etwas zu tun oder zu lassen: Das sind unsere **Bedürfnisse**, unsere **Ansprüche an uns selbst** und unsere **Autonomie** oder Souveränität.

Zu unseren Bedürfnissen:

Unsere Bedürfnisse werden überwiegend im Vorschulalter von der uns betreuenden Bezugsperson geprägt. In dieser Zeit entsteht unsere Disposition für Vertrauen, Beziehungen, Ängste, Drogen usw. usw.

Die Bedürfnisse haben die Aufgabe, unseren eigenen Egoismus durchzusetzen, d.h. unser physisches und psychisches Überleben zu garantieren. Unsere Bedürfnisse bzw. unsere emotionale Konditionierung beeinflussen uns unbewusst, d.h. wir sind von unseren eigenen Bedürfnissen fremdgesteuert und können unsere emotionale Konditionierung mit der Vernunft nur sehr schwer steuern; d.h. wir reagieren bzw. verhalten uns.

Beispiele für Bedürfnisse sind:

Sicherheit, Anerkennung, gerechte Behandlung. Angstvermeidung, sinn- volle Tätigkeit, Gesundheit, Familie, Freunde, Faulheit, Sex, usw.

Zu unseren Ansprüchen:

Unsere Ansprüche werden hauptsächlich zwischen dem Beginn der Schulzeit und der Pubertät von den Eltern, den

Lehrern, den Vertretern der Gesellschaft usw. sozialisiert, d.h. wir lernen so das von uns erwartete Sozialverhalten. Der Teil der Erziehung, den wir internalisiert haben, d. h. unsere soziale Konditionierung, ist Bestandteil unserer Persönlichkeit und steuert uns unbewusst. Somit sind wir von unseren eigenen Ansprüchen (unserem Gewissen) fremdgesteuert; d.h. wir verhalten uns. Diese Ansprüche stellen unsere soziale Passung dar und sind nichts anderes, als die von uns unbewusst internalisierten Normen und Moralvorstellungen unseres sozialen Umfeldes.

Beispiele für Ansprüche, die wir an uns selbst stellen: Treue, Zuverlässigkeit, Pflichtbewusstsein, fürsorglicher Vater, Höflichkeit, Loyalität, Dankbarkeit, Vorbild sein, „In"-sein, Fairness, Hilfsbereitschaft, usw.

Zu unserer Autonomie

Mit Beginn der Pubertät beginnt der junge Mensch sich von seinen Erziehern abzunabeln und seine eigene Persönlichkeit zu entwickeln. Je intensiver der Erziehungsdruck war, desto größer wird der Widerstand des jungen Menschen auf dem Weg zur Emanzipation (Pubertät).

(Viele Revolutionäre kommen z.B. aus gut bürgerlichen Familien.) Durch die bewusste Auseinandersetzung mit seinen Bedürfnissen und den Normen und Moralvorstellungen der Gesellschaft entwickelt der junge Erwachsene seine Autonomie oder seine eigenen „Handlungsleitenden Werte", ein eigenes Gewissen, das durchaus vom öffentlichen Gewissen abweichen kann. Dies geschieht häufig in der Diskussion und Auseinandersetzung mit Gleichaltrigen. (Hier liegt eine wesentliche Bedeutung von Sportvereinen, Pfadfindern, christlichen oder politischen Jugendverbänden usw.) Diesen Prozess der bewussten Auseinandersetzung mit sich selbst und den Trends der Gesellschaft sollten Sie lebenslang fortsetzen. Ihre autonom entwickelten Wertvorstellungen können Sie jederzeit bewusst beeinflussen und ändern.

Beispiele für solche, reflektierten Werte der **Autonomie** sind:
Verantwortungsfähigkeit, Entscheidungsfähigkeit, Beurteilungsfähigkeit, Hilfe zur Selbsthilfe, Risikofähigkeit, Zuhören, Vertrauen geben, Selbstbewusstsein, Selbstwertgefühl, Alterozentrierung, Offenheit, Genießen, Spaß haben, Lebenslanges Lernen, positive Grundeinstellung, usw.

Unterschiedliche Persönlichkeitsstrukturen

Menschen unterscheiden sich zum einen durch unterschiedliche Inhalte in den Persönlichkeitskomponenten: Bedürfnisse, Ansprüche und Autonomie.

Beispiele:

- Vielen Menschen sind Harmonie oder Macht oder Sturheit wichtig, anderen sind diese Bedürfnisse nicht so wichtig.

- Vielen Menschen sind Disziplin, Loyalität, Treue oder Perfektion wichtig, andere verzichten gerne auf diese Ansprüche.

- Vielen Menschen sind Zivilcourage, Rücksicht, Risikobereitschaft oder Alterozentrierung wichtig, anderen sind diese autonomen Werte unwichtig. (vielleicht auch nur, weil Sie noch nie darüber nachgedacht haben, welche Bedeutung diese für Sie haben könnten.)

Menschen unterscheiden sich zum anderen auch dadurch, dass die drei Komponenten von Persönlichkeit unterschiedlich viele Inhalte enthalten und damit insgesamt unterschiedliche Bedeutung für den Menschen haben.

Menschen, bei denen die Komponente **Bedürfnisse** sehr umfangreich gefüllt ist und damit mehr Einfluss als die Komponenten Anspruch und Autonomie auf sie haben, sind **Egoisten**, die ohne Rücksicht auf Ihr soziales Umfeld ihre eigenen Interessen durchsetzen. Sie werden von anderen in der Regel jedoch nicht als Persönlichkeiten respektiert.

Menschen, bei denen die Komponente **Ansprüche** sehr viele Elemente enthält, während die anderen Komponenten folglich weniger Einfluss haben, sind die **Angepassten**, die „Wendehälse", die mit allen gut aus-kommen wollen, sich an jedes soziale Umfeld anpassen und damit irgendwie zurechtkommen. Da sie in der Regel keine eigene Meinung haben, keinen Standpunkt nachvollziehbar vertreten, werden Sie von ihrem sozialen Umfeld als freundlich und höflich erlebt, aber ebenfalls nicht als Persönlichkeit respektiert.

Je mehr ein Mensch die gängigen Normen, Gewohnheiten, Moralvorstellungen, gesellschaftlichen Strömungen, usw. bewusst reflektiert und sie dadurch in seine **Autonomie** verantwortet integriert, desto mehr wird er von anderen respektiert und als **Persönlichkeit** akzeptiert. (Als Führungskraft sind nur autonome Menschen geeignet, weil nur sie persönliche Autorität entfalten können.)

Konsequenzen unterschiedlicher Persönlichkeitsstrukturen

Zu den Bedürfnissen

Wenn Sie ein Bedürfnis haben, das Ihnen sehr wichtig ist und das Sie nicht befriedigen können, oder die Befriedigung wird Ihnen genommen, sind Sie frustriert. Wenn Sie längerfristig eigene Frustrationen erleben, besteht die Gefahr, dass Sie Minderwertgefühle aufbauen.

Beispiel: Eine Beziehung scheitert oder Sie haben gute Arbeit geleistet und bekommen keine Anerkennung oder Sie werden in eine Funktion versetzt, die Ihnen nicht gefällt usw., dann sind Sie frustriert. Je mehr Elemente Sie in Ihrer Komponente Bedürfnisse haben, desto größer ist die Gefahr, dass Sie Minderwertgefühle entwickeln.

Zu den Ansprüchen

Wenn Sie Ansprüche an sich haben, die Ihnen sehr wichtig sind, und Sie verstoßen selbst gegen Ihren eigenen Anspruch, reagieren Sie mit einem schlechten Gewissen oder

Schuldgefühlen. Wenn Sie längerfristig Schuldgefühle entwickeln, besteht die Gefahr, dass Sie Minderwertgefühle entwickeln.

Beispiel: Sie wollen ehrlich sein und sind unehrlich, oder Sie wollen treu sein und sind untreu, oder Sie wollen zuverlässig sein und vergessen einen Termin usw., dann bekommen Sie Schuldgefühle. Je mehr Elemente Ihre Persönlichkeitskomponente Anspruch enthält, desto größer ist die Gefahr, dass Sie Minderwertgefühle entwickeln.

Zur Autonomie

Wenn sich in Ihrer Autonomie nur Werte befinden, die Sie bewusst reflektiert haben, die Sie begründen können, deren Konsequenzen Sie für sich und andere kennen, macht das Ihre Persönlichkeit, Ihre Individualität aus und sichert Ihnen die Akzeptanz und den Respekt Ihres sozialen Umfeldes.

Beispiele für autonome Werte:

Eigene Ziele, lebenslanges Lernen, sinnorientiertes Arbeiten usw.

Je mehr Element Ihre Autonomie enthält, desto größer ist die Chance, ein souveränes Selbstwertgefühl aufzubauen. Nur über Ihre autonomen Werte und subjektive Erfolgserlebnisse können Sie ein „von- innen- kommendes" Selbstwertgefühl aufbauen.

Ihre Autonomie stellt Ihre Basis für verantwortbares Handeln dar.

Persönlichkeit: Minderwertgefühle

Bedürfnisse	Reaktion bei Nichterfüllung	Langfristige Folgen
- Anerkennung - Sicherheit - Macht - usw.	- Frustration	- Minderwertgefühl

Anspruch:	Reaktion bei Nichteinhaltung	Langfristige Folgen
- Gehorsam - Fleiß - Loyalität - usw.	- Schuldgefühle	- Minderwertgefühl

Autonomie	Ergebnis	Langfristige Folgen
- Eigene Ziele - Entscheiden - Verantworten - usw.	- Erfolgserlebnisse	- Selbstwertgefühl

Persönlichkeitsentwicklung

Entscheidend ist nicht, wie Ihre Bezugsperson Sie geprägt und Ihre Erziehung Sie sozialisiert hat, entscheidend ist, ob Sie bereit sind, Ihre aktuelle Persönlichkeit, verantwortet zu ändern.

So, wie Sie Ihre eigene Persönlichkeitsstruktur im Augenblick erleben, ist sie, ohne Ihr bewusstes eigenes Gestalten, mehr oder weniger zufällig entstanden, abhängig von Ihrem sozialen Umfeld, Ihren Freunden, den Vereinen und Firmen, in denen Sie tätig waren, usw. Wenn Sie auf Ihre unbewussten Bedürfnisse und Ansprüche reagieren, ohne sich die Konsequenzen jeweils bewusst zu machen, können Sie Ihr Verhalten nicht verantworten.

Analysieren Sie Ihre Persönlichkeitsstruktur!

Wenn Sie einige Zeit darauf achten, was Sie geärgert, verletzt, Schuldgefühle gemacht hat, usw. usw., d.h. was Sie frustriert hat, dann können Sie direkte Schlüsse ziehen, welche Bedürfnisse und welche Ansprüche problematische Komponenten Ihres Persönlichkeitsprofils sind.

Zur Ergänzung Ihres Persönlichkeitsprofils können Sie sich Feedback aus Ihrem sozialen Umfeld holen.

Wenn Sie mit Ihrer Persönlichkeitsstruktur zufrieden sind, wenn Sie wenig Konflikte haben, wenn Sie sich selten über sich oder andere ärgern, wenn Sie selten verletzt werden, selten frustriert sind, wenn Sie von Kollegen und Freunden geachtet und geschätzt werden, wenn Sie selten gestresst oder krank sind, dann können Sie so bleiben, wie Sie sind, und es ist primär kein Handlungsbedarf.

Wenn Sie Handlungsbedarf sehen, wenn Sie Ihre Persönlichkeitsstruktur ändern wollen, d.h. Ihre Persönlichkeit eigenverantwortlich entwickeln wollen, können Sie die unbewussten Bedürfnisse und Ansprüche, die Sie ändern wollen, durch bewusste autonome Werte ersetzen. Es gibt zu jedem Bedürfnis und Anspruch einen höherwertigen autonomen Wert.

Beispiele:

Den Anspruch „Helfen" können Sie durch „Hilfe zur Selbsthilfe" ersetzen Das Bedürfnis „Anerkennung bekommen", können Sie durch Stabilisieren Ihres „Selbstwertgefühl" ersetzen. Den Anspruch „ fürsorglicher Vater" (Mutter) zu sein, können Sie durch Definieren Ihrer „Erziehungsziele" ersetzen Das Bedürfnis nach „Geselligkeit" können Sie durch bewusstes Gestalten einzelner „guter Freundschaften" ersetzen usw. usw.

Es gibt für jeden Menschen gute Gründe, seine Persönlichkeitsstruktur zu ändern, d.h. seine Persönlichkeit eigenverantwortlich weiter zu entwickeln:

Wenn Sie feststellen, dass einzelne Ihrer Bedürfnisse und Ansprüche immer wieder für Ärger, Verletzungen oder Rückzug sorgen, sollten Sie sie in die Autonomie übernehmen.

Wenn Sie feststellen, dass die Komponente Autonomie verhältnismäßig wenig Elemente enthält, sollten Sie sie möglichst schnell auffüllen.

Wenn Sie feststellen, dass Sie egoistisch oder angepasst sind, sollten Sie für eine sinnvolle Verteilung Ihrer Persönlichkeitskomponenten sorgen.

Wenn Sie feststellen, dass Ihr Persönlichkeitsprofil nicht zu Ihren Aufgaben und Ihren sozialen Beziehungen passt, ergänzen Sie es entsprechend an.

Wenn Sie - unabhängig von Ihrem Lebensalter- jung und flexibel bleiben wollen, ist es wichtig. dass Sie Ihre Persönlichkeitsstruktur entsprechend Ihrer psychischen und sozialen Situation ständig neugestalten.

Wenn Sie Altersstarrsinn bei sich verhindern wollen, müssen Sie die Veränderungsfähigkeit Ihrer Persönlichkeitsstruktur rechtzeitig trainieren.

© Cartoon
Erik Liebermann

Entwickeln Sie Ihre Autonomie

Denkzettel: Persönlichkeit

- Autonome Menschen lernen dadurch, dass sie sich die Konsequenzen ihres Verhaltens bewusst machen.
- Je autonomer Sie sind, desto weniger brauchen Sie Anerkennung durch andere.
- Verlassen Sie die Ruinen Ihrer Erziehung!
- Sie sind nicht mit Minderwertgefühlen auf die Welt gekommen, Ihre Erzieher haben Kritiker in Ihnen installiert, die Sie klein gemacht haben.
- Entfalten Sie Ihre Persönlichkeit, um ein erfülltes Leben führen zu können.
- Werden Sie nicht jedes Jahr älter, werden Sie jedes Jahr autonomer!

Positive Grundeinstellung

Verbessern Sie Ihre Lebensqualität

Menschen können selbst nicht erkennen, ob sie eine negative oder eine positive Grundeinstellung haben.

Umgang mit Defiziten

Es ist wichtig und notwendig, dass Sie sich bewusst überlegen, wo Sie Defizite haben - nur dann können Sie verantwortet an Ihrem Verhalten etwas ändern.

Menschen, die kein Defizitgefühl zulassen, sind psychische Zombies und haben lediglich beschlossen, dass sie vollkommen sind und sich nicht mehr ändern wollen. Entscheidend ist, wie Sie mit Ihren Defiziten umgehen.

Es gibt erfolgsorientierte Menschen und misserfolgsorientierte Menschen. Erfolgsorientierte tun alles, um erfolgreich zu sein, misserfolgsorientierte tun alles, um Misserfolg zu vermeiden. Beide können dasselbe Arbeitsergebnis abliefern. Da der Misserfolgsorientierte wesentlich mehr Aufwand treiben muss, um sich abzusichern, zu kontrollieren, perfekt zu arbeiten usw., wird er immer überlastet sein, während der Erfolgsorientierte - sobald er eine Aufgabe erledigt hat - bereit ist, die nächste Aufgabe zu übernehmen. Darüber hinaus entwickelt der Erfolgsorientierte ein stabileres Selbstwertgefühl.

Es gibt alte Junge und junge Alte. Alte Junge überlegen sich mit 35, was sie für Rosen züchten werden, wenn sie einmal in Rente sind. Junge Alte engagieren sich mit 65 Jahren z.B. bei einer Hilfsorganisation oder übernehmen Ehrenämter usw.

Selbstwertgefühl: Positive Grundeinstellung

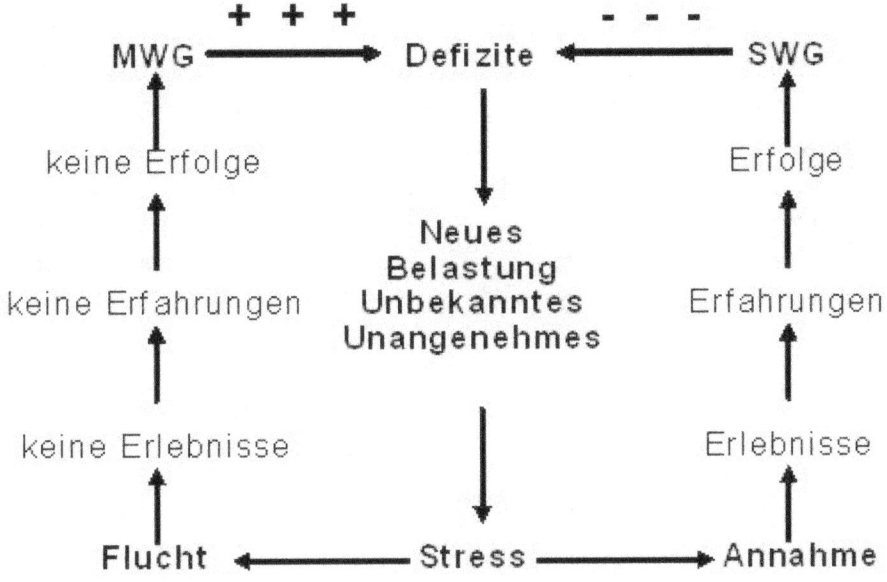

MWG = Minderwertgefühl   SWG = Selbstwertgefühl

Wir Menschen haben zwei Grundmuster des Verhaltens bei schwierigen Situationen: entweder wir fliehen oder wir kämpfen d.h. wir nehmen die jeweilige Situation an.

Flucht bzw. Vermeiden: Konsequenzen

Wenn im Bereich eines Defizits etwas Neues, Unbekanntes, Unangenehmes auf uns zukommt, erleben wir das als Stress.

z.B.: Wenn Ihnen Ihr Chef eine Aufgabe gibt, die Ihnen schwierig erscheint und die Sie vermeiden, indem Sie vorschieben, sie seien im Augenblick total überlastet, kann das nicht der Kollege Huber machen. Wenn Sie in solchen Situationen fliehen, haben Sie in diesen Bereichen keine Erlebnisse und können dann auch keine Erfahrungen machen. Wenn Sie keine Erfahrungen haben, werden Sie in diesen Bereichen auch keine Erfolge haben, und damit besteht die Gefahr, dass Sie Minderwertgefühle entwickeln und außerdem wird das Defizit zunehmen.

Kämpfen bzw. Annahme: Konsequenzen

Wenn Sie in schwierigen Situationen kämpfen, sich stellen, sie annehmen, haben Sie in diesen Bereichen Erlebnisse. Sie machen Erfahrungen (Es gibt keine negativen Erfahrungen. Erfahrungen sind Lernprozesse aus eigenen Erlebnissen und sind grundsätzlich so gestaltet, dass Sie negative Erlebnisse nicht wiederholen müssen.) Z.B.: Wenn Sie sich am heißen Herd die Finger verbrennen (das ist ein negatives Erlebnis) testen Sie beim nächsten Mal mit einem nassen Finger, ob der Herd heiß Ist. (Das ist der Lernprozess, d.h. die Erfahrung.)

Wenn Sie Erfahrung haben, ist die Chance, Erfolg zu haben, wesentlich größer als wenn Sie keine Erfahrung haben - und nur über eigene Erfolgserlebnisse ist es möglich, ein konstruktives, autonomes Selbstwertgefühl zu entwickeln. Außerdem wird das Defizit abnehmen.

Gewohnheiten

Die Neurowissenschaftler weisen uns nach, dass wir 95% dessen, was wir tagtäglich tun, aus Gewohnheit tun; d.h. wir tun es, ohne jeweils neu zu reflektieren, was unser aktuelles Verhalten für Konsequenzen für uns selbst hat.

Daher ist es wichtig, dass Sie Ihre Gewohnheiten daraufhin prüfen, ob sie erfolgsfrei oder erfolgreich sind. Nur so können Sie auf die Schiene „Positive Grundeinstellung" kommen, die eine wesentlich höhere Lebensqualität zur Folge hat als eine negative Grundeinstellung.

Erfolgsfreie Gewohnheiten

Beispiel: „Keine Zeit" - Strategen

Zwei Mitarbeiter tun genau dasselbe. Auf beide kommt eine Aufgabe zu. Beide sind der Meinung, diese Aufgabe ist sehr wichtig und beide erledigen Sie nicht.

Der Mitarbeiter mit der negativen Grundeinstellung denkt: Die Aufgabe ist sehr wichtig, ich sollte sie eigentlich erledigen, aber ich habe keine Zeit.

Der Mitarbeiter mit der positiven Grundeinstellung denkt: Die Aufgabe ist sehr wichtig, ich sollte sie eigentlich erledigen, ich mache sie nicht, weil ich etwas Wichtigeres erledige.

Beide tun genau dasselbe, nur in der Selbstdefinition, in der Rückkopplung auf die eigene Persönlichkeit, passiert etwas je Unterschiedliches: Der Mitarbeiter, der denkt, er habe keine Zeit, wird sich selbst defizitär erleben und wird eher in Gefahr laufen, dass sein Minderwertgefühl verstärkt wird. Der Mitarbeiter, der denkt: ich tue etwas Wichtigeres, erlebt sich selbst als erfolgreich und sein Selbstwertgefühl wird verstärkt.

Beispiel: Problemkonstrukteure

Sie können eine Situation als Problem sehen, wobei Sie sich immer bewusstmachen müssen, dass wir ein Problem weder sehen, noch hören, noch riechen, noch schmecken, noch anfassen können. Wir konstruieren es in unserem Gehirn – konkret in der Amygdala.

Ein Problem ist immer ein Hirngespinst. Wenn Sie verantwortet mit sich und Ihrer Vernunft umgehen, können Sie dieselbe vermeintlich schwierige Situation als Chance oder als Herausforderung interpretieren – und dann werden Sie diese Situation mit Spaß, Energie und Erfolgswillen angehen.

Beispiel: Bedenkenträger

Sie können ihre Kreativität darauf trainieren, bei neuen Aufgaben Bedenken zu kreieren, oder Sie können die Denkgewohnheit entwickeln, in Lösungen zu denken (ILD). Beides kostet gleich viel Aufwand - nur ILD bringt Sie weiter. Wenn jemand mit Bedenken kommt, sagen Sie einfach: „Wie es nicht geht, weiß ich selbst – Sie brauche ich für Lösungen."

Beispiel: „ja, aber..." - Philosophen

Es gibt Menschen, die haben sich angewöhnt, Ihnen zunächst Recht zu geben um nach einem „ja, aber..." ihre Einwände oder Gegenargumente zu bringen.

- Eine gute Idee, aber...
- Grundsätzlich einverstanden, aber...
- Ich weiß, aber...

Ein „ja, aber..." ist nichts anderes als ein scheinbar sozial verträgliches „Nein"

Jedes positive Wort vor dem „aber" ist eine Lüge.

Erfolgsfreie Gewohnheiten:	**Erfolgreiche Gewohnheiten:**
- keine Zeit haben	- sich Zeit für wichtige Dinge nehmen
- Probleme sehen	- Chancen sehen
- „Bedenkenträger" sein	- In Lösungen denken (ILD)
- „ja, aber" – Philosophie	- "gerade deswegen" - Philosophie
- Misserfolge berichten	- Erfolge berichten
- nicht entscheiden	- entscheiden
- sich mit Unwichtigem beschäftigen	- Wichtiges erledigen
- nicht „nein" sagen	- Unwichtiges ablehnen
- nicht „nein" sagen	- Unzumutbares ablehnen
- Ersatzhandlungen	- Prioritäten setzen
- aufschieben	- anfangen
- abschieben	- delegieren
- uninteressiert sein	- sich informieren
- wissen, was man nicht will	- wissen, was man will
- sich an Schlechteren orientieren	- sich an Besseren orientieren
- viele Pläne haben	- handeln
- Konflikte vermeiden	- Konflikte bewältigen
- Prinzip Misstrauen	- Prinzip Vertrauen
- Recht haben	- Erfolg anstreben
- Misserfolgsanalyse	- Erfolgsanalyse durchführen
- Schuldigen suchen	- Erfolgsanalyse durchführen
- Unangenehmes aufschieben	- Unangenehmes zuerst erledigen
- Schwierigkeiten sehen	- Herausforderungen erleben
- Sorgen machen	- Pläne machen
- usw.	- usw.

Erfolgreiche Gewohnheiten: Verhaltensänderung

Aufgabe unseres Verstandes ist es, uns in Lage zu versetzen, unsere Lebenssituationen zu bewältigen. Menschen, die ihren Verstand missbrauchen, um zu fliehen, d.h. um eine erfolgreiche Bewältigung zu verhindern, sind sich dessen nicht bewusst. Sie sind z.B. überzeugt, dass diese Bedenken gerechtfertigt sind, dass sie in der Situation dem Kollegen die Bitte nicht abschlagen konnten, diese Situation wirklich schwierig ist, dass sie dafür keine Zeit haben usw... Erst ein Sparringspartner kann ihnen aufzeigen, dass Sie eine gegebene Situation auch ganz anders sehen können. Erst, wenn Sie z.B. in einer Sitzung, in der ein Teilnehmer wieder mit seinen Bedenken den ganzen Prozess aufhält, ein kleines Schild vor sich auf den Tisch stellen: ILD (in Lösungen denken), wird er erkennen, was er anstellt.

Wem eine positive Grundeinstellung fehlt, braucht einen Partner, der ihm seine Fluchtstrategien aufzeigt und ihm beim „Seitenwechsel" hilft.

Wichtig: Fragen Sie andere, ob sie Ihnen Ihre positive Grundeinstellung bestätigen.

Erfolgreiche Menschen haben erfolgreiche Gewohnheiten. Eine positive Selbstdefinition ist eine Folge von erfolgreichen Gewohnheiten.

Verändern der eigenen Wahrnehmung

Für die Entwicklung unserer eigenen Persönlichkeit sind ausschließlich wir selbst verantwortlich.

Der Hauptfaktor für unsere Persönlichkeitsentwicklung ist unsere eigene Interpretation der Realität, d.h. unsere Wahrnehmung.

Wir können die Realität nicht so wahrnehmen, wie sie ist, sondern nur, wie wir sie erleben, wie sie auf uns wirkt.

(Das macht den Unterschied zwischen Realität und Wirklichkeit aus.)

Eine Situation, die wir als schwierig, problematisch, gefährlich oder unangenehm wahrnehmen, lähmt unser Handeln und verhindert damit unsere Entfaltung. Nehmen wir dieselbe Situation als Herausforderung, Chance usw. wahr, handeln wir und leisten damit einen Beitrag zu unserer eigenen Persönlichkeitsentwicklung.

Gewöhnen Sie sich deshalb an, Ihre eigene Wahrnehmung durch bewusste konstruktive Fragestellungen positiv zu beeinflussen und sie so in Richtung „Positive Grundeinstellung" zu verändern.

Wenn Sie etwas als „Problem" wahrnehmen, fragen Sie sich:

- Was habe ich davon?
- Was bringt es mir für Vorteile?
- Was kann ich sofort verwenden?
- Was ist gut an diesem Gedanken?
- Was ist positiv an diesem Menschen?
- Was hat mir dieser Tag bis jetzt Positives gebracht?
- Welche Orientierungshilfen habe ich erhalten?
- Wie kann es gehen?
- usw.

Auswirkungen auf die Handlungsfähigkeit

Menschen mit positiver Grundeinstellung erleben folgende Auswirkungen:

- In scheinbar ausweglosen Situationen werden sie eher vor dem Absinken in Resignation oder Depressionen bewahrt
- In Situationen, die Initiative und Handeln erfordern, sind sie aktiver
- Bei der Umsetzung von Entscheidungen sind sie vor störenden Zweifeln geschützt
- Sie sind bei der Vorbereitung von Handlungen effektiver
- Sie fühlen sich wohl und sicher
- Sie denken nicht öfter als notwendig an eine bevorstehende unangenehme Situation (z.B. eine Operation oder Prüfung).
- Sie haben eine höhere Lebenserwartung

Gemeint ist eine positive Grundeinstellung, die mit einem optimistischen Bewältigungsstil und einer moderaten Selbstüberschätzung verbunden ist. (Ergebnisse wissenschaftlicher Untersuchungen)

Auswirkungen auf die Persönlichkeit

Menschen, die eine positive Grundeinstellung haben:
- sind gesünder
- haben ein stabileres „psychosomatisches" Immunsystem
- sind erfolgreicher
- haben mehr Spaß an der Arbeit
- haben ein stabileres Selbstwertgefühl
- wirken angenehmer auf ihr Umfeld
- haben mehr gute Freunde
- bekommen mehr Anerkennung und Zuwendung
- bewältigen Krisen leichter
- haben mehr Freude am Leben
- usw.

Es lohnt sich, Ihre Positive Grundeinstellung zu trainieren.

© Cartoon
Erik Liebermann

Umgeben Sie sich mit positiven Menschen

Denkzettel: Positive Grundeinstellung

- Registrieren bewusst Sie alles, was schön, gut und positiv ist.
- Wir tun die Dinge nicht, weil sie schwer sind, sie sind schwer, weil wir sie nicht tun.
- Ein Optimist ist ein Pessimist, der nachgedacht hat
- Erzählen Sie zuhause nur Positives von Ihrer Tagesarbeit (Ihr Partner ist kein Mülleimer)
- Pflegen Sie positive Erinnerungen
- Positive Gedanken machen Ihr Leben glücklich
- Positive Grundeinstellung stärkt das Immunsystem
- Positive Grundeinstellung ist die Basis für Ihr Glück
- Positive Grundeinstellung ist ein Energielieferant

Prioritäten und Erfolg

Nur wenn Sie Ihre wichtigen Aufgaben erledigen, sind Sie erfolgreich

Die Mitarbeiter beschweren sich beim Vorstand, dass sie überlastet seien, dass 24 Stunden nicht ausreichen, um die ganzen Aufgaben zu erledigen.

Da nahm der Vorstand eine Blumenvase und stellte eine Flasche Bier daneben. Dann schüttete er so viele Golfbälle in die Vase hinein, bis keine mehr hineingingen. Dann fragte er die Mitarbeiter: „Ist die Vase jetzt voll?"

Die Mitarbeiter antworteten: „Ja, natürlich!"

Dann nahm er eine Schüssel mit Erbsen und schüttete sie ebenfalls in die Vase. Er schüttelte die Vase solange, bis alle Erbsen zwischen die Golfbälle gefallen waren und nichts mehr hineinging, Dann fragte er die Mitarbeiter: „Ist die Vase jetzt voll?"

Die Mitarbeiter antworteten: „Ja, natürlich!"

Dann nahm er eine Schüssel mit Sand und schüttete den Sand zwischen die Erbsen, bis nichts mehr hineinging. Dann fragte er die Mitarbeiter: „Ist die Vase jetzt voll?"

Die Mitarbeiter antworteten: „Ja, natürlich!"

Dann sagte der Vorstand:

Die Vase symbolisiert Ihre Arbeitszeit. Die Golfbälle symbolisieren Ihre wichtigen Aufgaben, Ihre A-Aufgaben, aber auch Ihre Familie, Freunde, Gesundheit usw. Die Erbsen symbolisieren die B-Aufgaben und der Sand die C-Aufgaben.

Wenn Sie den Sand zuerst in den Topf schütten, ist kein Platz mehr für die Erbsen und die Golfbälle.

Das gilt für Ihre Arbeit genauso. Wenn Sie mit den unwichtigen Aufgaben beginnen, haben Sie am Ende keine Zeit mehr für die wichtigen.

Das gilt auch für das ganze Leben: Wichtig ist, dass Sie mit Ihrer Frau ins Theater gehen, dass Sie Freunde besuchen usw. Wenn Sie deshalb die Garage etwas später aufräumen, hält sich der Schaden in Grenzen.

Überlegen Sie sich gut, was Ihre Golfbälle sind: die strategischen Aufgaben, die die Zukunft Ihres Verantwortungsbereichs und Ihre eigene Zukunft sichern, aber auch mit Freunden zum Essen gehen, der Kindergeburtstag zu Hause usw.

Erledigen Sie immer zuerst die wichtigen Aufgaben.

Die Mitarbeiter sagten, das haben wir verstanden – aber was soll das Bier?

Da lächelte der Vorstand, nahm das Bier und schüttete es vorsichtig in die Vase. Und siehe da, es ging auch noch hinein.

Der Vorstand sagt dazu:

„Egal wie viel Arbeit Sie haben,
für ein gemeinsames Bier ist immer noch Zeit!"

© Cartoon
Erik Liebermann

Die Konzentration auf das Wichtige macht Sie erfolgreich

Denkzettel: Prioritäten und Erfolg

- Ziele orientieren die Wahrnehmung, Prioritäten orientieren die Kräfte.
- Arbeiten Sie nicht mehr, sondern effektiver
- Der langfristige Erfolg entsteht durch das Erledigen der A3-Aufgaben
- Eine Prioritätenplanung fördert die Qualität der Arbeit
- Prioritäten bestimmen den Erfolg
- Erledigen Sie das Wichtige zuerst
- Lassen Sie das Unwichtige weg, dann haben Sie Zeit für das Wichtige

Resilienz

Stärken Sie Ihre Abwehrkräfte

Krisen, Burn-out, Infarkte, schwere Krankheiten, Verlust eines Menschen, Invalidität, Kündigung, Burn-out, Schlaganfall usw. belasten manche Menschen ein Leben lang; andere dagegen sind nach einer großen Belastung wieder fit und voll belastbar.

Diese Widerstandskraft, die Menschen in die Lage versetzt, physische, psychische und soziale Katastrophen ohne langfristige Folgen zu überstehen, wird Resilienz genannt.

Seit unser Gesundheitssystem allmählich versteht, dass jede Krankheit sowohl vom Körper als auch von der Psyche, als auch von unserem Sozialverhalten verursacht werden kann, wissen wir auch, dass diese drei Komponenten menschliche Katastrophen auch heilen und abwehren können.

Je mehr Sie dazu tendieren, die Verantwortung für Ihre Genese nach einer Krise an Ihre Therapeuten zu delegieren oder in Agonie und Passivität oder Hilflosigkeit zu verfallen, desto größer ist die Gefahr, dass Sie Ihre Lebensfreude verlieren und bleibende psychische und soziale Schäden behalten.

Je mehr Sie davon träumen, dass der alte Zustand wiederkommt oder dass das erlebte Defizit verschwindet, desto weniger haben Sie eine Chance, Ihren Lebensmut und damit Ihre Lebensqualität wiederzugewinnen. Je schneller Sie die Realität Ihrer Katastrophe akzeptieren, je schneller Sie neue realistische Ziele enzwickeln, desto schneller werden Sie die aktuelle Katastrophe bewältigen. Darüber hinaus können Sie durch das Bewältigen einer Krise einen Lebenswillen und Nehmerqualitäten entwickeln, die Sie vorher nicht besaßen.

Resilienz Training

Nur Sie selbst können Ihre eigene Resilienz entwickeln bzw. stärken. Wichtige Komponenten für Ihre Resilienz sind:

Akzeptanz

Akzeptieren Sie die neue Realität nach einer Krise. Verzichten Sie auf Selbstmitleid. Entwickeln Sie neue realistische Ziele und Pläne und tun Sie alles, um diese zu erreichen.

Selbstreflexion

Nehmen Sie sich jeden Tag 5 Minuten Zeit, um über Ihren aktuellen Status nachzudenken. Machen Sie sich Ihre eigenen Werte bewusst, entwickeln Sie evtl. neue. Legen Sie Konditionierungen aus Ihrer Erziehung ab, um innere Freiheit zu gewinnen. Registrieren Sie Ihre Fortschritte und den Handlungsbedarf.

Unterstützung

Gute Freunde und ein stabiles soziales Netz unterstützen die Resilienz außerordentlich. Ein soziales Netz erst in der Krisensituation aufzubauen, ist sehr schwierig – es sollte dauerhaft vorhanden sein.

Eigenverantwortung

Übernehmen Sie die Verantwortung für Ihre Resilienz. Nach Albert Schweitzer haben die Ärzte primär die Aufgabe, die Selbstheilungskräfte der Patienten zu unterstützen - nicht die Therapeuten, sondern Sie selbst haben die Verantwortung für Ihre Genesung. Es ist wichtig, dass Sie sie aktiv betreiben.

Selbstwirksamkeit

Wenn Sie die subjektive Gewissheit entwickeln, auch schwierige Herausforderungen meistern zu können, hat das eine stark schützende und heilende Wirkung.

Eigen-Sinn

Überlegen Sie bei allem was Sie tun, was das für Sie für einen Sinn macht. Dieser Eigen-Sinn hilft Ihnen, ein Erfülltes Leben zu führen, und das stärkt wesentlich Ihre Resilienz.

Selbstwertgefühl

Gestalten und stärken Sie bewusst Ihr Selbstwertgefühl. Machen Sie sich Ihre Stärken bewusst. Registrieren Sie Lob und positive Aussagen über Sie. Führen Sie ein Erfolgstagebuch.

Positive Grundeinstellung

Hören Sie auf, in Problemen und Schwierigkeiten zu denken - denken Sie in Lösungen. Nur, wenn Sie aktiv Handlungsstrategien entwickeln und diese umsetzen, können Sie die Verantwortung für Ihre Resilienz übernehmen.

Positive Emotionen

Leben und pflegen Sie Ihre positiven Emotionen. Nehmen Sie jede Gelegenheit wahr, die Ihnen die Chance bietet, Freude und Schönes zu erleben, Spaß zu haben. Sprechen Sie mit Ihrem Partner möglichst oft über positive emotionale Erlebnisse in der Vergangenheit.
(Das tut auch Ihrer Beziehung gut.)

Genießen

Je mehr Sie genießen, desto mehr zeigen Sie sich selbst, dass Sie sich mögen, dass Sie wertvoll sind - und das gibt Ihnen die Energie für Ihre Resilienz. Egal, was Sie genießen, - ein Glas Wein, einen Sonnenuntergang, ein Buch usw. - erleben Sie es unter dem Motto „Ich tue es für mich, ich gönne mir etwas".

Resiliente Menschen streuen in Krisensituationen Neurotrophine, die dafür sorgen, dass die Leistungsfähigkeit des Gehirns erhalten bleibt und Sie dadurch in Krisensituationen handlungsfähig bleiben.

Mit einer stabilen Resilienz bewältigen Sie auch Stress und Alltagsbelastungen besser.

© Cartoon Erik Liebermann

Therapeuten sind nur Ihre Gehilfen

Denkzettel: Resilienz

- Je schneller Sie die neue Situation akzeptieren, desto schneller kommen Sie weiter.
- Nur Sie allein sind für Ihre Lebensqualität nach einer Krise verantwortlich.
- Resilienz können Sie lernen
- Hinfallen kann passieren – aufstehen müssen Sie selbst.
- Denken Sie nie über Dinge nach, die Sie nicht ändern können
- Denken Sie nur über Dinge nach, die Sie ändern wollen
- Ängste und Sorgen sind Sondermüll.

Salutogenese

Übernehmen Sie die Verantwortung für Ihre eigene Gesundheit

Die Schulmedizin in Deutschland definiert Gesundheit als das Fehlen von Krankheit und Gebrechen.

Daher kümmert sie sich fast ausschließlich um die Pathogenese, d.h. sie erforscht die Ursachen und Risiken für Krankheiten, um diese, bzw. ihre Symptome, behandeln zu können.

Viele Menschen, die eindeutigen Gesundheitsrisiken ausgesetzt sind, z.B. Rauchen, Krankenpflege, Grippewellen, Epidemien usw. usw., bleiben gesund, obwohl das gesamte Umfeld krank wird.

Bedenken Sie, dass 100% aller Krankheiten psychosomatisch sind (Körper und Psyche beeinflussen), und 80% aller Krankheiten psycho- oder soziogen (psychisch und/oder sozial verursacht) sind.

Die Weltgesundheitsorganisation WHO definiert Gesundheit als den „Zustand des vollständigen körperlichen, geistigen und sozialen Wohlbefindens" und nicht allein das Fehlen von Krankheit und Gebrechen.

Aufgabe der Salutogenese ist es, diese Grundlagen für Gesundheit zu erforschen.

Wenn wir uns die Grundlagen bewusst machen, haben wir die Chance zu erkennen, was wir tun müssen, damit wir, selbst wenn wir Gesundheitsrisiken ausgesetzt sind, trotzdem gesund bleiben.

Die **Ressourcen von Gesundheit** werden also aus 3 Quellen gespeist:

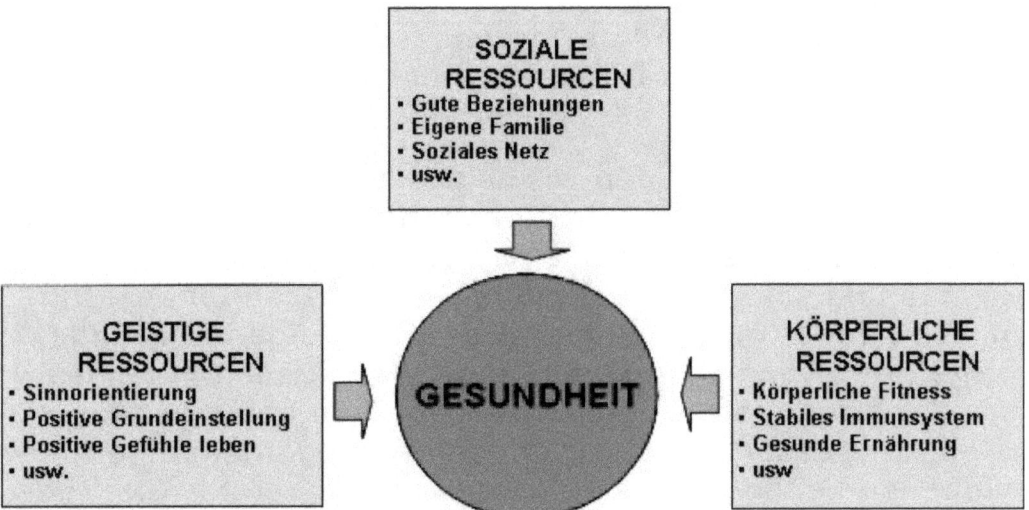

Wenn Sie Ihre Gesundheit ganzheitlich stabilisieren, haben Krankheiten keine Chance.

1. Soziale Ressourcen

1.1 Schaffen Sie sich ein biophiles Umfeld.

Menschen, die in einem biophilen, d.h. lebensbejahenden Umfeld leben, fühlen sich wohler und sind gesünder als diejenigen, die in einem nekrophilen Umfeld leben.

Überlegen Sie, wer in Ihrem Bekanntenkreis biophil ist, d.h. wer eine positive Lebenseinstellung hat:

- überwiegend positive Dinge erzählt
- an Stelle von Problemen, Chancen sieht
- gerne lacht
- eine Bereicherung für Sie darstellt
- usw.

Suchen Sie aktiv Kontakt zu Menschen mit einer positiven Einstellung zum Leben, mit denen gegenseitiges Vertrauen möglich ist, und bauen Sie bewusst eine vertrauensvolle Beziehung mit ihnen auf.

1.2 Gestalten Sie Ihre langfristigen Beziehungen

Verliebt sein ist ein Zustand, der durch eine Hormonschüttung ausgelöst wird und der grundsätzlich zeitlich begrenzt ist. Wir können diesen Zustand kaum beeinflussen – er passiert uns.

Liebe ist ein Zustand, den wir bewusst wollen und bewusst gestalten müssen. Eine partnerschaftliche Beziehung setzt voraus, dass beide Partner einer Beziehung soweit möglich, eigenständig sind und auch ohne den anderen leben könnten; d.h.: Jeder Partner hat eigene Ziele, eigene Freunde, eigene Interessen usw. Unabhängig davon suchen beide Partner bewusst eine sinnvolle Menge von gemeinsamen Zielen, Interessen usw., um neben dem eigenständigen, individuellen Leben das gemeinsame Leben verantwortet gestalten zu können.

Sowohl die individuellen als auch die gemeinsamen Lebensinhalte sollten Sie regelmäßig überdenken und bewusst ändern, um die Lebendigkeit Ihrer Beziehungen zu erhalten.

1.3. Pflegen Sie Freundschaften

In der Skala der Aktivitäten mit dem höchsten Erholungswert steht ein Gespräch mit guten biophilen Freunden an oberster Stelle.

Kontakt und Beziehungsfähigkeit sind wichtige Komponenten, um jung zu bleiben.

Unsere Freund – Feind Unterscheidung geschieht im präfrontalen Cortex unseres Gehirns (Spiegelneuronen).

Erkennt er einen Freund schüttet er Oxytocin – das „Liebeshormon" – es unterstützt jede Form von positiver Beziehung und verursacht den Eindruck von Wohlfühlen und Geborgenheit. Ausserdem reduziert Oxytocin die negativen Emotionen, die die Amygdala produziert, so dass wir weniger Angst und Aggressionen empfinden.

Einsamkeit lässt die körpereigenen Opiate schwinden d.h. wir sind weniger leistungsfähig und schwächer.

Der Kontakt mit guten Freunden löst Hormonschüttungen aus, die für die Gesundheit wichtig sind:
- das Herzkreislauf-Risiko sinkt
- das Immunsystem wird stabilisiert
- der Alterungsprozess im Gehirn wird verzögert

Gute Freunde sind auch für unser Psychisches Wohlbefinden wichtig:
- Freunde, die uns lange begleiten, beeinflussen unsere Lebenspläne
- Gute Freunde beeinflussen unsere Wertvorstellungen
- Freiwillige enge Freundschaften machen Nähe und Distanz möglich
- Gute Freunde im Familienverbund zu finden ist oft schwierig

Pflegen Sie wichtige, biophile Beziehungen und seien Sie ein treuer Freund! Gepflegte Freundschaften machen gesund

1.4. Mögen Sie sich selbst

Wenn Sie kein bewusst erarbeitetes Selbstwertgefühl haben, wenn Sie sich häufig über sich ärgern, ein schlechtes Gewissen haben, sich selbst nicht mögen, können Sie nicht annehmen, wenn andere Sie loben, Sie bestätigen, Ihnen einen Erfolg zuschreiben und auf Ihre „Positivliste" setzen oder Sie können es erst gar nicht wahrnehmen.

Darüber hinaus behandeln uns andere häufig so, wie sie erleben, dass wir selbst mit uns umgehen.

Nur, wenn Sie sich selbst mögen und akzeptieren, haben Sie die Chance, gute Freunde zu gewinnen und ein guter Freund zu sein.

1.5 Arbeiten Sie in einem Unternehmen mit einer menschenwürdigen Unternehmenskultur.

Legen Sie Wert darauf, in einem Unternehmen oder in einem Unternehmensbereich zu arbeiten, in dem Ihre Menschenwürde gewahrt wird, in dem gegenseitige Achtung und Wertschätzung Prinzip ist, in dem sachliche (und nicht verletzende) Kritik geübt wird usw. Nur dann haben Sie eine Chance, gesund zu bleiben. (Es besteht z.B. ein direkter Zusammenhang zwischen Führungsstil in einem Unternehmen und Krankenstand.)

2. Geistige Ressourcen

2.1 Bleiben Sie geistig fit

Der Burn-Out wird gerade vom Bore-Out als Krankheitsursache überholt. Bore-Out beinhaltet die Komponenten Unterforderung, mentale Monotonie, Langeweile und Desinteresse mit den Auswirkungen Lustlosigkeit, Gereiztheit, Frustration usw., ein offenes Tor für alle psychogenen Somatisierungen.

Um geistig fit zu bleiben, können Sie unter anderem folgendes tun:

- Ihre Aufgabengebiete wechseln
- bei interdisziplinären Projekten mitmachen
- ein anspruchsvolles Hobby pflegen
- in Lösungen denken
- Widerspruch herausfordern

(Die beste Prophylaxe gegen Demenz und Alzheimer ist geistige Fitness)

2.2 Erarbeiten Sie sich eine positive Grundeinstellung

Für die Entwicklung einer positiven Grundeinstellung sind ausschließlich Sie selbst verantwortlich. Der Hauptfaktor für die Entwicklung Ihre Grundeinstellung ist Ihre eigene Interpretation der Realität, d.h. Ihre Wahrnehmung.

Schwierigkeiten, Probleme, Sorgen usw., können wir nicht hören, riechen, fühlen oder sehen, wir konstruieren sie selbst.

Eine neue Situation, die Sie als schwierig, problematisch, gefährlich, unangenehm wahrnehmen, lähmt und belastet Sie und macht Sie anfällig für Krankheiten. Nehmen Sie dieselbe Situation als Herausforderung, Chance usw. wahr, handeln Sie, schaffen sich Erfolgserlebnisse und stabilisieren Ihre Gesundheit.

Mit einer positiven Grundeinstellung leben Sie länger und besser. Gewöhnen Sie sich deshalb an, bei neuen Situationen Ihre eigene Wahrnehmung bewusst durch konstruktive Fragestellungen positiv zu beeinflussen:

- Was habe ich davon?
- Was bringt es mir für Vorteile?
- Warum fühle ich mich jetzt gut?
- Was ist gut an diesem Gedanken?
- Was ist positiv an diesem Menschen?
- Was hat mir dieser Tag Positives gebracht?
- Was war heute schön?
- Wie kann es gehen?
- usw.

2.3 Geben Sie Ihrem Leben einen Sinn

- Zwischen Sinnerfahrung und Gesundheit gibt es deutliche Zusammenhänge. Menschen, die subjektiv der Meinung sind, dass Sie sinnvolle Tätigkeiten durchführen und/oder ein sinnvolles Leben führe, sind psychisch und physisch gesünder und können Krisen besser bewältigen.

Es ist wichtig, sich die eigene Sinnerfahrung bewusst zu machen, um sie bewusst beeinflussen zu können.

Kurzfristige Sinnerfahrung: Sie können praktisch allen kleineren Aufgaben Sinn geben: Treffen mit Freunden, aktuellen Aufgaben, Nahrungsaufnahmen, sportlichen Aktivitäten usw.

Wenn Sie eine Sinnerfahrung an die nächste knüpfen, können Sie psychische Belastungen, wie Einsamkeit, Langeweile, innere Leere usw., vermeiden.

Längerfristige Sinnerfahrung: Alle mittel- und längerfristigen Aufgaben, wie Aufbau einer beruflichen Existenz, Abschließen einer Ausbildung, Gründung einer Familie, usw., können Sie dafür nutzen.

Wenn Ihre Aufgaben wirklich eigene Ziele als Basis haben, stellen Sie eine gute Grundlage für die physische und psychische Stabilität in dieser Zeit dar.

Sinn des Lebens: Wenn Sie es schaffen, Ihrem Leben eine umfassende Lebensaufgabe, einen Gesamtsinn, eine ganzheitliche Weltsicht zuzuordnen, dann haben Sie die Chance, ein erfülltes, glückliches, gesundes Leben mit hoher Lebensqualität zu führen.

2.4 Leben Sie ohne Schuldgefühle

Durch Ihre Erziehung bzw. durch Ihre Sozialisation in der Gesellschaft wurden bei Ihnen Kritiker installiert, die dafür sorgen, dass Sie sich gesellschaftskonform verhalten; d.h. Schuldgefühle sind lediglich Erziehungssignale. Wenn Sie die Ursachen für Ihre Schuldgefühle reflektieren, können Sie einen Teil der gesellschaftlichen Werte aufgeben und durch eigene ersetzen. Häufige Schuldgefühle führen in der Regel zu Minderwertgefühlen oder Kompensationsstrategien und destabilisieren Ihre Gesundheit. Wenn Sie mit Ihrem Verhalten in einer Situation nicht zufrieden sind, überlegen Sie, wie Sie in Zukunft in einer vergleichbaren Situation handeln; dadurch werden sich Ihre Schuldgefühle reduzieren.

Schuldzuweisung ist der Versuch Macht auszuüben.
Wenn Ihnen jemand Schuld zuweist oder Vorwürfe macht es wichtig, dass Sie sich bewusst machen, dass derjenige nur versucht, seine Wertvorstellungen, Einstellungen oder Meinung auf Sie zu übertragen und versucht Sie dadurch zu

unterwerfen oder zu disziplinieren. Mit anderen Worten, wenn Ihnen jemand Vorwürfe macht, hat er das Problem und nicht Sie. **Die richtige Reaktion auf Schuldzuweisung nimmt dem anderen die Macht.**

2.5 Ängste und Sorgen sind Sondermüll

Angst zu haben, ist häufig sinnvoll. Wenn wir zum Beispiel auf einem Turm stehen, hilft uns Angst, nicht hinunterzuspringen.

Nicht Menschen, Objekte, Situationen oder Ereignisse machen uns Angst, sondern nur wir selbst, indem wir sie entsprechend bewerten.

Eine Flugreise kann angenehm, spannend, interessant sein oder sie kann gefährlich, anstrengend oder unangenehm sein.

Eine Präsentation kann eine Chance oder Herausforderung sein, oder eine Möglichkeit, sich zu blamieren, zu scheitern oder peinlich zu sein.

Angst entsteht durch unsere je subjektive Interpretation der Realität.

Jede negative Interpretation der Realität lähmt uns und hindert uns zu handeln.

Noch kein Problem dieser Welt, wurde je durch „sich Sorgen machen" gelöst.

Was können Sie tun: Wenn so ein Schwall von Angst und/oder Sorgen Sie überfällt, schalten Sie sofort um und überlegen und planen irgendwelche Lösungen; sonst besteht die Gefahr, dass Sie sich immer mehr in diese negativen Gedanken hineinfressen.

2.6. Pflegen Sie Ihre positiven Gefühle

Gefühle sind für uns Menschen lebensnotwendig.

Jede Situation, die wir erleben, produziert ihre Gefühle.

Wenn Sie die jeweilige Situation positiv wahrnehmen, erleben Sie positive Gefühle. Positive Gefühle unterstützen unsere Gesundheit und machen das Leben lebenswert.

Negative Gefühle schaden unserer Gesundheit.

Es ist wichtig, dass Sie Ihre negativen Gefühle im Keim ersticken, um zu verhindern, dass sie sich ausbreiten und Macht über Sie bekommen.

Die einfachste Möglichkeit, negative Gefühle zu reduzieren, ist, sofort positive Gefühle dagegenzusetzen. Dies können Sie erreichen indem Sie:

- Eine Tätigkeit beginnen, die Sie gerne tun und die Sie in gute Laune versetzt
- Sich an eine schöne, angenehme, erfolgreiche Situation erinnern und diese gedanklich ausmalen
- Sie sich ein Symbol für gute Laune schaffen und dieses im „Bedarfsfall" abrufen. (z.B. ein Bild von einem schönen Urlaub. Ihrem Kind usw.)
- Eine Positiv-Imagination abrufen

Negative Gefühle sind Sondermüll.

2.7. Nutzen Sie Ihr Unterbewusstsein

Um unser Unterbewusstsein zur Stabilisierung unserer psychischen Gesundheit nutzen zu können, ist es wichtig zu wissen, wie es funktioniert:

- Unser Unterbewusstsein arbeitet ständig
- Unser Unterbewusstsein hat ein Vielfaches der Information, die das Bewusstsein hat
- Unser Unterbewusstsein nimmt dem Bewusstsein viel Arbeit ab und unterstützt es - wenn Sie es wollen - positiv
- Unser Unterbewusstsein kennt keine Negationen
- Unser Unterbewusstsein denkt in Bildern
- Unser Unterbewusstsein kennt keinen Zufall

- Unser Unterbewusstsein ergänzt externe Informationen durch Referenzerfahrungen - das ist unsere Wahrnehmung

Vegetativum. Neuere Forschungsergebnisse weisen nach, dass unser vegetatives Nervensystem, das alle unwillkürlichen Körperfunktionen steuert, genau so lernt, wie das rationale Nervensystem; d.h. wir lernen Krankheiten und Schmerzen genauso, wie wir z.B. eine Sprache oder Mathematik lernen.

Unser Unterbewusstsein verstärkt alles, was wir beachten; d.h. wir können genauso, wie wir Krankheit lernen, auch Gesundheit lernen.

Vermeiden Sie Gespräche über Krankheiten, unterhalten Sie sich dafür mit Menschen, die gesund sind und hinterfragen Sie, was sie dafür tun.

2.7. Lernen Sie eine Entspannungstechnik

Qualifizierte Entspannungstechniken wie, Autogenes Training, Progressive Entspannung nach Jakobson, Mentale Entspannung, einige Phantasiereisen, Yoga, usw. lassen Sie - wenn Sie sie regelmäßig praktizieren- Ihr Leben gelassener und ausgeglichener erleben und führen. Mit diesen Techniken erreichen Sie einen tiefen Entspannungszustand,- den Alpha-Zustand - in dem die beiden Hirnhemisphären direkt Kommunizieren.

Bewusst herbeigeführte Entspannung - Alpha-Zustand - ist das beste Mittel gegen Stress. Praktizierte Entspannung bewirkt grundsätzlich eine Stabilisierung der physischen und psychischen Grundbefindlichkeit. Bei regelmäßiger Übung stellen sich in folgenden Bereichen - in unterschiedlicher Ausprägung - positive Veränderungen ein:

- Zunahme der Lymphozyten (stabileres Immunsystem)
- Reduzierung der Adrenalinschüttung (mehr Gelassenheit)
- Verbesserung der Sauerstoffversorgung

- Sensibilisierung der Wahrnehmung
- Stressstabilität durch höhere Gelassenheit
- Reduzierung vegetativer Störungen
- Erhöhung der Empathie
- Erhöhung der Lernfähigkeit und Kreativität
- Verbesserung der intuitiven Fähigkeiten
- usw.

2.8. Positivimagination

Die „Positivimagination" ist eine hervorragende Möglichkeit, sich aus einer negativen emotionalen Lage herauszuholen oder einfach sich in eine positive Stimmung zu versetzen. Sie hat die beste Wirkung, wenn Sie sie im Alpha-Zustand machen.

- Überlegen Sie sich eine Situation aus Ihrem Leben, in der es Ihnen so richtig gut ging - in der Sie mit sich und der Welt rundum zufrieden waren.
- Erleben Sie diese Situation noch einmal!
- Erleben Sie vor allem die Gefühle, die Freude, das Wohlfühlen, die Nähe der Menschen usw.!
- Genießen Sie diese Situation!
- Die Positivimagination sollte mindestens 1 Minute dauern.
(Sie können die Positivimagination auch auf 10-20 Minuten ausdehnen.)

2.9. Steigern Sie Ihr Selbstwertgefühl

Minderwertgefühle machen Sie anfällig für Krankheiten. Das Registrieren und Analysieren Ihrer Erfolge leistet einen wesentlichen Beitrag zur Stabilisierung Ihres Selbstwertgefühls. Deshalb ist wichtig, bei erfolgreich abgeschlossenen Aktivitäten zu analysieren, welche eigenen Stärken, d.h. Eigenschaften, Vorgehensweisen, Fähigkeiten, Verhaltensweisen, Techniken, Strategien usw. zum Erfolg geführt oder beigetragen haben. Dadurch lernen Sie Ihre erfolgreichen Strategien kennen. **Führen Sie ein Erfolgs- und/oder ein Mut - und/oder ein Glücksjournal!**

Unser Selbstvertrauen wird in der frühen Kindheit durch die Reaktion unseres Umfeldes - vor allem der Bezugspersonen - auf unser Verhalten geprägt; d.h. unser Selbstvertrauen ist anerzogen.

Wesentliche Komponente des „Erwachsenwerdens" ist es, aus dem mehr oder weniger zufällig entstandenen und je unterschiedlich ausgeprägten Selbstvertrauen, durch das Bewusstmachen der eigenen Stärken und positiven Eigenschaften ein eigenes Selbstwertgefühl zu entwickeln.

Wenn Sie vorgegebene Ziele erreichen, bekommen Sie Anerkennung, werden gelobt usw. Wenn Sie immer jemanden brauchen, der Ihnen vermittelt, dass Sie gut sind, so ist das keine Basis, um ein autonomes, d.h. aus Ihnen selbst kommendes, von äusseren Einflüssen unabhängiges Selbstwertgefühl zu entwickeln.

Das Selbstwertgefühl ist ein Gefüge aus mehreren vernetzten Komponenten, die ausnahmslos erlernbar sind.

Wichtige Möglichkeiten, Ihr Selbstwertgefühl weiterzuentwickeln, sind:
- Erreichen Sie eigene Ziele
- Sagen Sie bewusst „nein"
- Stärken Sie Ihre Stärken
- Lernen Sie eine positive Grundeinstellung
- Machen Sie regelmäßig Erfolgsanalysen
- Sagen Sie bewusst „nein"
- Genießen Sie so oft es geht
- Nehmen Sie sich für sich Zeit
- Gehen Sie bewusst Risiken ein (keine Abenteuer)
- Führen Sie ein Erfolgs- / Mut- / Glückstagebuch
- Strahlen Sie Selbstvertrauen aus

2.9.1. Realisieren Sie eigene Ziele

Wenn Sie eigene Ziele erreichen, erleben Sie sich erfolgreich. Erfolgreiche Menschen fühlen sich wohl und sind gesund. Wenn Sie vorgegebene Ziele erreichen, bekommen

Sie Anerkennung, werden gelobt usw. Vorgegebene Ziele sind aber keine Basis für ein aus Ihnen selbst kommendes, von äußeren Einflüssen unabhängiges Selbstwertgefühl. Ein autonomes Selbstwertgefühl bekommen Sie nur, wenn Sie eigene - im beruflichen Alltag ist es nicht immer möglich - Ziele zu entwickeln. Deswegen ist es wichtig, dass Sie ihre Einstellung zu den vorgegebenen Zielen so steuern, dass Sie sich mit diesen Zielen weitgehend identifizieren, um eigene Erfolge daraus ableiten zu können.

2.9.2. Sagen Sie „Nein"

Wenn jemand mit einem Anliegen, einer Bitte oder einer unwichtigen Aufgabe auf Sie zukommt, ist die Versuchung groß, diesem Menschen einen Gefallen zu erweisen.

Es gibt viele gute Gründe dafür, solche Bitten anzunehmen; z.B.:

- Sie bekommen Anerkennung - der andere ist Ihnen dankbar
- Sie sind wichtig
- Sie können mitreden
- usw., usw.

Lehnen Sie es ab, Dinge zu tun, die für Sie

- unzumutbar sind
- unwichtig sind

Wenn Sie „nein" sagen, erleben Sie, dass

- die Akzeptanz Ihrer Person steigt,
- die Qualität Ihrer Arbeit zunimmt.

„Nein"-Sagen ist wesentliche Komponenten eines konstruktiven Selbstwertgefühls. Nicht „nein" sagen können, ist eine wesentliche Basis für Stress:

Einem willigen Esel packt jeder etwas drauf

2.9.3. Stärken Sie Ihre Stärken

Eigene Schwächen und Fehler an sich selbst zu sehen, sind Ausprägungen von Minderwertgefühlen und von einer negativen Grundeinstellung. Schwächen kompensieren, schafft nur Mittelmaß.

Machen Sie sich Ihre Stärken bewusst! Wer seine Stärken kennt und ausbaut und seine mentalen Potenziale verwirklicht, ist nachhaltig zufriedener, glücklicher und ist vor psychischen Krankheiten geschützt. Stärken stärken schafft Excellenz!

2.9.4. Genießen Sie

Wenn wir uns an etwas klammern, sei es Partner, Kinder, Geld, Jugend, Erfolg usw., dann leben wir ständig in der Angst, es zu verlieren, und diese Angst hindert uns, uns daran zu freuen. Wenn Sie sich etwas gönnen, was Sie nicht brauchen, ist das ein Zeichen von Selbstakzeptanz; d.h. Genießen stellt eine wesentliche Komponente zur Stabilisierung Ihres Selbstwertgefühls dar. Ein stabiles Selbstwertgefühl ist einer der wichtigsten Stabilisatoren für Ihre Gesundheit. Sie können nur das genießen, was Sie nicht brauchen

Nur wer sich mag, kann anderen Liebe schenken

2.10. LMAA

Ihre gewohnte Interpretation von LMMA trägt sicher auch zu Ihrem Wohlbefinden bei – hier ist mit LMAA jedoch gemeint „Lächle mehr als andere". Lachen hat folgende, nicht zu unterschätzende Konsequenzen:

- Der Herzschlag wird schneller und lässt danach stark nach, was bedeutet, dass Ihr Blutdruck sinkt.
- Das starke Ausatmen wirkt wie eine Sauerstoffdusche.
- Die Reduktion von Adrenalin und Cortisol bringt Ihnen mehr Gelassenheit.
- Die Endorphinschüttung löst positive Gefühle aus.

- Die Immunabwehr verbessert sich, was eine wichtige Basis für Gesundheit ist.
- Lachen nach einer Lernphase verankert das Gelernte im Gedächtnis, d.h. Sie können besser lernen. Je mehr Sie lachen, desto gesünder sind Sie!

Darüber hinaus werden Sie, wenn Sie häufig lächeln, mehr freundliche Menschen erleben und mehr Freunde haben.

2.11. Haben Sie Spaß

Wichtig für ein positives Lebensgefühl ist es, regelmäßig, d.h. heißt mindestens täglich, Dinge zu tun, die Ihnen Spaß machen.

Gerade, wenn Sie eine negative Stimmungslage oder Stress erleben, ist es wichtig, durch eine Aktivität, die Sie gerne machen, die Ihnen positive Erlebnisse bringt, eine positive Hormonlage zu erzeugen.

Machen Sie sich eine Liste mit Aktivitäten, die Ihnen Spaß machen, und suchen Sie sich jeden Abend eine Aktivität für den nächsten Tag aus, mit der Sie sich etwas gönnen. Das fördert darüber hinaus Ihre Fähigkeit, sich selbst zu mögen.

Die Liste könnte so aussehen:
- Sport
- ein schönes Buch lesen
- ein Luxusbad nehmen
- gute Musik hören
- im Internet surfen
- Karten spielen
- Basteln
- Freunde treffen
- Mails schreiben

Spaß haben, macht Spaß und ist gesund

2.11. Führen Sie ein gesundes Tagebuch

Viele Menschen führen ein Tagebuch und halten darin unsortiert ihre Erlebnisse, Probleme, Sorgen, Ängste usw. fest mit der Konsequenz, dass sowohl ihre Wahrnehmung als auch ihr Gedächtnis sich auf die negativen Seiten ihres Lebens fokussieren; und Ihr Leben wird immer grauer und weniger lebenswert werden.

Wenn Sie darauf achten Ihrem Tagebuch Ihre Lösungen, Erfolge, gezeigten Mut, Erkenntnisse, Glückserlebnisse, usw. anzuvertrauen, dann wird sich Ihre Wahrnehmung auf die positiven Komponenten Ihres Lebens konzentrieren und Ihr Leben immer farbiger, lebenswerter und gesünder werden.

Glückstagebuch

Halten Sie in Ihrem Glückstagebuch Ihre Glücksgefühle, Ihre positiven Erlebnisse und schönen Stimmungen fest.

Halten Sie fest:
- Worüber Sie herzlich gelacht haben
- Wofür Sie jemandem dankbar waren
- Worüber Sie sich von Herzen gefreut haben
- Womit Sie Spaß hatten
- Was Sie genießen könnten
- Was Sie Schönes gesehen haben
- Was Sie Schönes erlebt haben
- usw.

Darüber hinaus nehmen Sie ein besonderen Bereich Ihres Tagebuchs und schreiben alle glücklichen Momente Ihres Lebens auf.

Denken Sie dabei auch an Ihre Kinder- und Jugendzeit, an die Schulzeit, an Ihre sportlichen Betätigungen, an Ihre Hobbys, an Ihren Beruf, an Ihre Freunde, an die Liebe usw.

Schreiben Sie so viele glückliche Situationen wie möglich auf, die es in Ihrem Leben gegeben hat - und Sie werden überrascht sein, wie viel Schönes Sie schon erlebt haben.

Wenn es Ihnen einmal schlecht geht blättern Sie einfach in Ihrem Tagebuch, und es wird Ihnen sofort besser gehen,

Erfolgstagebuch

Glück bedeutet: Auf dem Weg zu einem eigenen Ziel sein.

Erfolg bedeutet: Ein Ziel erreicht haben

Registrieren Sie bewusst Ihre Erfolge, um ein konstruktives Selbstwertgefühl aufzubauen.

Analysieren Sie Ihre wichtigsten Erfolge, stellen Sie fest, welche Eigenschaft, Fähigkeit, Vorgehensweise usw. zu diesem Erfolg geführt hat und tragen Sie die Ergebnisse in Ihr Erfolgstagebuch ein. Dadurch erhalten Sie ein Stärkenprofil, das Sie in die Lage versetzt, bei neuen Herausforderungen sofort zu entscheiden, ob Sie diese annehmen können oder nicht.

Muttagebuch

Sie entscheiden selbst, ob Sie Ihr Gedächtnis und damit die Bewertung der tagtäglichen Situationen auf Ängste, Probleme und Schwierigkeiten oder auf positive Gedanken, Lösungen und Ergebnisse trainieren.

- Wenn Sie in einem Tagebuch alle Situationen (mit Datum) festhalten, in denen Sie eine Angst überwunden, eine schwierige Situation bewältigt oder ein Problem gelöst haben,
- und auch noch festhalten, wie Sie das gemacht haben und vor allem, wie Sie sich nachher gefühlt haben,
- schaffen Sie sich ein „Positives Erfahrungsgedächtnis", das Ihnen hilft, zukünftige Situationen anders zu bewerten und damit Ängste und negative Gefühle zu reduzieren oder zu verhindern.

2.12. Strahlen Sie Selbstvertrauen aus

Negative Gefühle drücken sich in der Haltung, der Mimik und der Gestik aus: z.B. „Er ist von Gram gebeugt".

Andererseits hat unsere Körpersprache einen Einfluss auf unsere Gefühle: z.B. Wenn wir pfeifen, geht es uns besser.

Sie fühlen sich immer so wie der, für den Sie sich halten und drücken das in Ihrer Körpersprache auch aus. Wenn Sie Ihre Körpersprache ändern, werden sich Ihre Gefühle, und damit Ihre Einstellung zu sich selbst, ebenfalls ändern.

Menschen, die Selbstvertrauen ausstrahlen, werden von ihrem Umfeld akzeptiert und sind damit weniger anfällig gegen Krankheiten.

Selbstvertrauen ausstrahlen bedeutet:
- Tief und kräftig atmen
- Ruhiger und entschlossener Blickkontakt
- Eine freundliche und positive Mimik
- Eine ruhige Gestik über der Gürtellinie
- Eine aufrechte und entspannte Haltung
- Eine kräftige und modulierte Sprache

Alles, was davon abweicht, haben Sie sich angewöhnt und können natürlich diese Gewohnheiten auch wieder ändern.

Eine selbstbewusste Körpersprache sorgt dafür, dass Sie sich besser fühlen und dass Sie von anderen akzeptiert werden.

Legen Sie sich eine selbstbewusste Körpersprache zu und Sie werden selbstbewusst.

2.13 Reaktivieren Sie sich regelmäßig

Der Wechsel zwischen Anspannung und Entspannung ist gesund und hält uns fit. Nach einer Beanspruchung ist es wichtig, dass Sie sich bewusst entspannen und für neue Aufgaben reaktivieren.

Dazu sind mehrere Schritte notwendig:

Distanzierung: Gewinnen Sie bewusst gedanklich und emotional Abstand von der Beanspruchung. Gut geeignet ist dafür eine Positiv- Imagination im Alpha Zustand.

Energie tanken: Tun Sie etwas, wobei Sie zur Ruhe kommen und was Ihnen Spaß macht, wie spazieren gehen, Sport, Sauna, usw.

Arbeitsspeicher leeren: Am besten durch eine sinnvolle, wichtige Aktivität, die Sie gerne machen: Buch lesen, Veranstaltung besuchen, Gespräch führen, Malen usw.

Regeneration: Machen Sie eine Entspannungsübung, Atemübung, Alpha- Übung, Besinnung, Meditation.

Neuorientierung: Bereiten Sie sich körperlich, gedanklich und emotional auf neue Aufgaben vor. Dies geht am besten durch eine Proaktive Imagination.

Neue Aufgaben gelingen besser, wenn Sie sie gut gelaunt und positiv eingestimmt angehen

2,14 Nehmen Sie sich Zeit für sich

Jeder Mensch nimmt sich für das Zeit, was ihm wichtig ist.

Viele Menschen beklagen sich darüber, dass Sie zu wenig Zeit haben für

- ihre Kinder,
- ihre Familie
- ihre Freunde
- kulturelle Veranstaltungen
- für Sport
- ihre Erholung
- usw. usw.

weil der Beruf, die Rahmenbedingen, das politische Mandat, und die Aufgaben usw. es nicht zulassen.

Überlegen Sie sich in Ruhe, was Ihnen persönlich wirklich wichtig ist und tragen Sie die „Termine" mit Ihren Kindern,

Freunden, die „Stille Stunde", den Konzertabend usw. genauso in Ihren Terminkalender ein, wie die Abteilungsbesprechung oder den Termin mit einem wichtigen Kunden. (Wenn Sie keine Zeit haben, was tun Sie dann die ganze Zeit?)

2,15. Seien Sie egoistisch

Seien Sie egoistisch, um gesund zu bleiben:
- Denken und handeln Sie alterozentriert!
- Holen Sie sich ständig Feedback!
- Hören Sie zu! Wer spricht, lernt nichts!
- Schaffen Sie in Ihrem Umfeld eine Vertrauenskultur!
- Schaffen Sie sich ein biophiles Netzwerk!
- Verzichten Sie auf „Recht-haben-wollen" und „Rechtbekommen"!
- Üben Sie konstruktive Kritik

Seien Sie egoistisch - aber nie auf Kosten anderer!

3. Körperliche Ressourcen

Körperliches Wohlbefinden meint nicht nur das Fehlen von Krankheit, sondern auch das Verfügen über alle Ressourcen, die Herausforderungen der inneren und äußeren Erfahrungswelt zu bewältigen. Das bedeutet unter anderem:

3.1 Stressen Sie Ihren Körper

Um Ihren Körper fit zu halten, ist es wichtig, dass Sie Ihren Körper regelmäßig gezielt fordern und ihn genauso regelmäßig gezielt entspannen. Körperstress kann so aussehen:
- Setzen Sie Ihren Körper physikalischen Belastungen aus wie Wind und Wetter, Kälte und Wärme, UV-Licht usw.
- Tun Sie gelegentlich Dinge, bei denen Sie Kraft brauchen.
- Trainieren Sie Ihre Koordinationsfähigkeit, indem Sie z.B. balancieren, auf einem Bein auf Zehenspitzen stehen, von Stein zu Stein springen usw.

- Bringen Sie Ihren Puls einmal am Tag auf 220 minus Lebensalter (z.B. eine Treppe hoch rennen usw.).
- Lernen Sie eine Entspannungstechnik (z.B. nach Jakobson, Phantasiereise, Mentale Entspannung usw.
- Gehen Sie regelmäßig in die Sauna.

3.2 Trinken Sie regelmäßig Alkohol

Menschen, die regelmäßig geringe Mengen Alkohol trinken, sind signifikant stabiler gegen koronare Herzkrankheiten, haben günstigere gefäßschützende HDL-Cholesterinwerte, niedrigere Triglizeridwerte und sind geistig leistungsfähiger. Das im Alkohol – vor allem im Rotwein - enthaltene Resveratrol wirkt entzündungshemmend und wirkt sich positiv auf die Stimmung aus. Wenn Sie zu viel Alkohol trinken, kehrt sich die Wirkung allerdings ins Gegenteil um. Genießen Sie täglich ein Glas Wein und/oder einen kleinen Absinth. Keinen Alkohol trinken, ist ungesund, wenig Alkohol trinken, ist gesund.

3.3 Ernähren Sie sich bewusst

Diäten sind meist ungesund und führen in der Regel zum allseits bekannten Jo-Jo-Effekt. Sie haben nur eine Chance auf ein adäquates Körpergewicht und auf einen gesunden Fettanteil in Ihrem Körper, wenn Sie Ihre Essgewohnheiten grundsätzlich umstellen. Verzichten Sie auf Süßigkeiten. Da die Kohlehydrate die Fettverbrennung stark reduzieren und außerdem müde machen, ist es wichtig, dass Sie den Kohlehydratanteil an Ihrer Ernährung auf ein für Sie erträgliches Mindestmaß reduzieren. Kochen bzw. essen Sie mediterran.

3.4 Trainieren Sie Ihr Immunsystem

Bei zu viel Hygiene wird unser Immunsystem nicht gefordert und erlahmt. Kinder, die sich öfter im Kuhstall aufhielten, bekamen 75% weniger Allergien. An der Berliner Charité wird neben der Schutzimpfung eine „Schmutzimpfung" erprobt. Trainieren Sie Ihr Immunsystem, indem Sie auf übertriebene Hygiene verzichten.

3.5 Tanken Sie Sonne

Vitamin D brauchen wir u.a. als Schutz gegen Tuberkulose und Rachitis. Wir nehmen es durch die Nahrung und hauptsächlich durch die Sonne auf; z.B. in der REHA-Klinik Ueberruh in Isny leiden 80% der aufgenommenen Patienten an Vitamin-D-Mangel. In Mitteleuropa reicht in den Wintermonaten die UV-Strahlung für die Vitamin-D-Synthese nicht aus. Setzen Sie sich Ihrer Gesundheit zuliebe der Sonne aus! Auch hier ist das richtige Maß wichtig.

3.6 Bewegen Sie sich

Körperliche Bewegung fördert Denken, Lernen und Behalten. Situative körperliche Bewegung löst Denkblockaden. Die durch Bewegung gesteigerte Sauerstoffzufuhr aktiviert das Gehirn. Darüber hinaus produziert körperliche Aktivität anregende Hormone. Endorphin verbessert z.B. das Wohlbefinden, Dopamin steigert die Motivation, Noradrenalin aktiviert Körper und Geist, Serotonin erhöht das Selbstvertrauen und reduziert Angst. Regelmäßige Bewegung verzögert die Zellalterung um Jahre. Menschen, die Ausdauersport betreiben, haben eine um 40 Prozent höhere Lebenserwartung und darüber hinaus eine höhere Lebensqualität. LLL (Langläufer leben länger).

Es gibt 3 Methoden sinnvoller Bewegung

- Gehen oder laufen Sie mindestens 3mal pro Woche eine halbe Stunde und/oder
- Treiben Sie Ausdauersport - z.B. durch Laufen, Radfahren usw.
- Erhalten Sie Ihre Muskelkraft - z.B. durch Isometrische Übungen
- Erhalten Sie Ihre Beweglichkeit - z.B. durch Gymnastische Übungen.

4. Fazit

Leben Sie gesund und Sie bleiben gesund!

**Nur Sie selbst
sind für Ihre Gesundheit verantwortlich**

Denkzettel: Salutogenese

- Wenn Sie über sich lachen, lachen Sie am gesündesten
- Positive Grundeinstellung stärkt das Immunsystem
- Gute Freunde zu haben ist für die Gesundheit genauso wichtig, wie eine gesunde Ernährung
- Umgeben Sie sich mit positiven Menschen
- In dem Augenblick, in dem Sie etwas tun, was Sie wirklich selbst wollen, werden Sie gesund
- Ängste und Sorgen sind Sondermüll
- Mit einer positiven Grundeinstellung leben Sie gesünder und länger

Selbstvertrauen ausstrahlen

Demonstrieren Sie Selbstvertrauen und Sie werden selbstsicher

Menschen, die mit sich nicht zufrieden sind, Minderwertgefühle haben, sich Ihre Defizite bewusst machen, sich nicht gesund fühlen usw., sind anfällig für Krankheiten. Sie werden von anderen nicht geschätzt und geachtet. Als Zuwendung bekommen Sie höchstens Mitleid.

Menschen, die Selbstvertrauen ausstrahlen, erleben, dass sie von anderen akzeptiert werden, andere auf sie zugehen, sie mehr Kontakte bekommen usw. sie fühlen sich wohl und sind gesünder.

Kein Mensch kann sehen, wie es in Ihrem Inneren aussieht. Andere können nur sehen, wie Sie auf sie wirken.

Wenn Sie - egal, wie Sie sich selbst im Augenblick fühlen - Selbstvertrauen simulieren, werden Sie feststellen, dass Sie sich selbst wohler fühlen und dass Sie auf andere eine positivere Wirkung haben.

Selbstvertrauen strahlen Sie aus:

- wenn Sie andere ansehen,
- Blickkontakt halten,
- eine positive Mimik zeigen und lächeln,
- „beschwingt" gehen,
- aufrecht stehen,
- die Schultern hoch und nach oben nehmen,
- ruhig stehen,
- Ihr Gewicht auf beide Beine verteilen,
- beim Sprechen Gestik machen usw., usw.

Das Ganze klingt zunächst wie Schauspielerei.

Überlegen Sie jedoch, wie oft Sie jetzt schon tagtäglich unterschiedliche Rollen spielen, je nachdem, ob Sie sich als Partner, Freund, Kollege, Chef, Mitarbeiter oder als Verkehrssünder usw. verhalten. (Ihre Kinder würden sich wundern, wenn sie erleben, wie Sie sich verhalten, wenn Sie mit einem Polizisten über die 30 Euro Verkehrsstrafe verhandeln.)

Eine sozial reife Persönlichkeit beherrscht viele Rollen, die für die je unterschiedlichen Situationen des Alltags geeignet sind, und sie wirkt dabei authentisch.

Durch Ausprobieren und Wiederholen haben Sie Ihre verschiedenen Rollen gelernt, z.B. als Partner, Vater, Mitarbeiter, Chef, Teammitglied usw.

In Zukunft können Sie durch häufiges bewusstes „Schauspielern" Ihre Rollen schneller und verantwortbarer lernen.

Wenn Sie oft genug bewusst Selbstvertrauen simulieren, werden Sie erleben, dass dieses Verhalten Komponente Ihrer Persönlichkeit wird, und Sie sich dabei - in allen möglichen Situationen - auch selbstsicher fühlen.

Wenn Sie auf andere sicher wirken, bekommen Sie von diesen Rückmeldungen, die man einem sicheren Menschen macht, und das macht Sie noch sicherer.

Selbstsichere Menschen fühlen sich selbst wohler, werden von anderen akzeptiert und sind gesünder.

Selbstvertrauen schafft Akzeptanz

Denkzettel: Selbstvertrauen ausstrahlen

- Wenn Sie aufrecht gehen und entspannt atmen, wirken Sie sicher.
- Erfolgreiche Menschen strahlen Selbstvertrauen aus
- Sie haben keine Chance, den ersten Eindruck ein zweites Mal zu machen
- Selbstvertrauen ausstrahlen, macht Sie gesund
- Wenn Sie Selbstvertrauen ausstrahlen, wirken Sie jünger
- Wenn Sie Selbstvertrauen ausstrahlen trauen auch andere Ihnen etwas zu
- Menschen mit Selbstvertrauen haben ein schöneres Leben

Selbstverwirklichung

Geben Sie Ihrem Leben einen Sinn

Identität und Selbstverwirklichung

Selbstverwirklichung ist nur möglich, wenn Sie Ihre eigene Identität leben. Die Identität eines Menschen wird letztlich durch 5 Komponenten gestaltet, die alle dem Bewusstsein zugänglich sind und somit von Ihnen beeinflussbar sind:

Sinnorientierung verhindert den Seeleninfarkt.

Komponenten der Identität

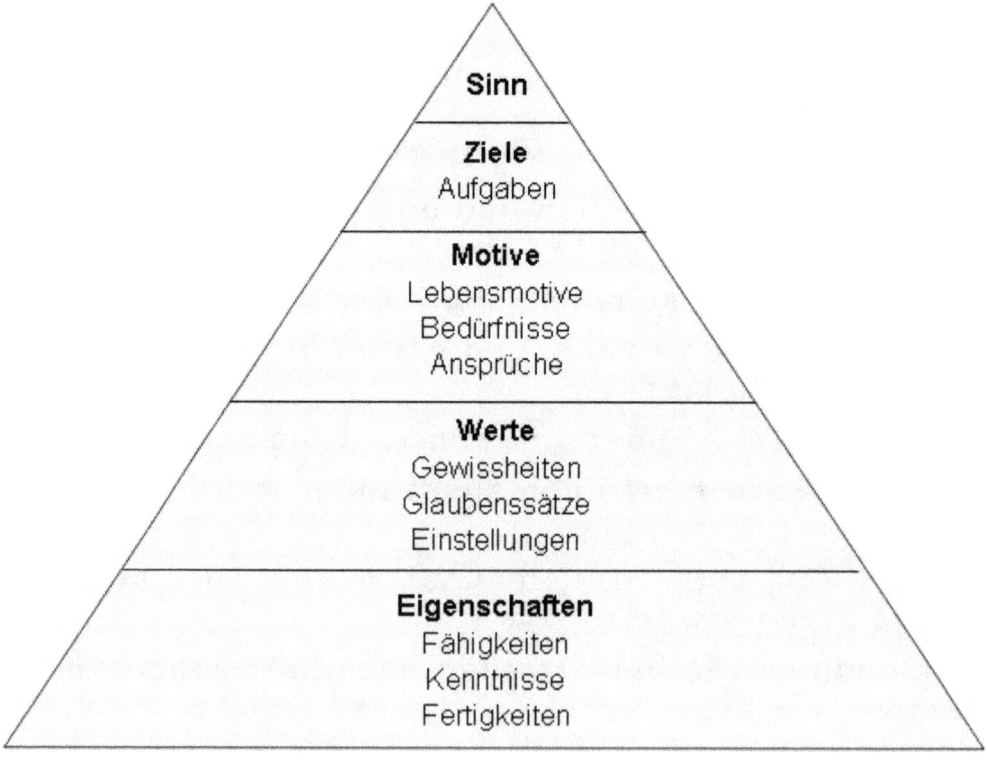

Menschen, die nur Ihre Talente, d.h. Ihre **Eigenschaften**, Fähigkeiten, Kenntnisse nutzen, um Ihr Leben zu bewältigen, wollen nur (alleine?) **überleben.** (z.B. der Arbeiter, der gerade soviel verdient, dass er seine Familie ernähren kann, oder der „Reiche" der – ohne Rücksicht auf Verluste – in den Tag hineinlebt.)

Menschen, die zusätzlich Ihre **Werte**, Einstellungen, d.h. die je individuell übernommenen Normen und Moralvorstellungen der Gesellschaft bei der Lebensbewältigung berücksichtigen, wollen mit anderen friedlich **zusammenleben.** (z.B. Der Angepasste, der in der Gesellschaft funktioniert, die bürgerlichen Tugenden lebt, höflich ist, anderen hilft, loyaler Mitarbeiter ist usw.)

Menschen, die zusätzlich Ihre intrinsischen **Lebensmotive** und Bedürfnisse leben, erreichen ein **erfülltes Leben.** (z.B. der Mensch, der Genießen kann, seine Beziehungen pflegt, für eine Idee kämpft usw.)

Menschen, die eigene **Zielen** haben und erreichen, haben ein **erfolgreiches Leben;** (z.B. der Mensch, der sein Karriereziel erreicht, der die Erziehungsziele für seine Kinder erreicht, der erfolgreich eine Firma gründet oder seinen Fußballverein zum Erfolg führt.)

Selbstverwirklichung meint: Ihren Eigenschaften, Werten, Motiven und Zielen einen gemeinsamen **Eigen-Sinn** zu geben, und Ihr Handeln daran zu orientieren.; (z.B. als Führungskraft das Selbstwertgefühl seiner Mitarbeiter zu steigern, als Vater die Eigenverantwortlichkeit seiner Kinder zu entwickeln, die eigene Unabhängigkeit zu erreichen, usw.)

Ideal-Ich

Viele Menschen haben im Laufe Ihrer Sozialisation ein Ideal-Ich entwickelt, das zu erreichen sie als erstrebenswert betrachten und das für sie ein Synonym für Selbstverwirklichung darstellt.

Beispiele für solche Ideal-Ich-Konstrukte sind: Guter Vater, gute Mutter, guter Ingenieur, guter Tennisspieler, guter Wissenschaftler, guter Christ, guter Tierschützer usw. usw.

Wenigen ist bewusst, dass dieses Ideal-Ich **unbewusst** durch den Einfluss unseres sozialen Umfeldes, durch Ideologien, ethisch-moralische Systeme usw. entstanden ist und unter Umständen gar nicht mit unseren eigenen Zielen, unseren Motiven und Fähigkeiten korrespondiert.

Die Umsetzung eines extrinsischen Ideal-Ich macht uns zu **Systemagenten**.

Deshalb ist es wichtig, dass Sie Ihr Ideal-Ich in einer Selbstreflexion auf Realitätsdichte überprüfen. Vor allem müssen Sie sich fragen, ob Ihre eigenverantwortlich angenommen Werte, Ziele und Ihr Eigen-Sinn Ihrem Ideal-Ich entsprechen. Dies geht am besten in der Diskussion mit konstruktiv kritischen Sparringspartnern, mit denen Sie gleiche Augenhöhe haben. Nur so können Sie entscheiden, ob Sie:

Systemagent sein
oder
Ihre Selbstverwirklichung leben wollen.

Sinnorientierung

Sinnverlust können Menschen unmittelbar spüren: Sie sind hoffnungslos, entmutigt, passiv, resigniert, machen sich Sorgen und sind stressgefährdet.

Vielen Menschen sind die Sinnorientierungen in ihrem Leben gar nicht bewusst. Nur wer sie sich bewusstmacht, kann sie auch selbst gestalten und erweitern, und damit seine Lebensqualität selbst verbessern.

Zwischen Sinnorientierung und Gesundheit gibt es deutliche Zusammenhänge: Menschen, die Sinn erleben, sind psychisch und damit physisch gesünder und können Krisen besser bewältigen.

Menschen bewältigen eine Krise (Tod eines Angehörigen, chronische Krankheit, Lähmung usw.) in der Regel ohne psychische Schäden, wenn sie ein sinnorientiertes Leben führen oder nach einer Krise einen (neuen) Lebenssinn finden.

Sinnerfahrungen sind individuell. Was für Sie sinnerfüllt ist, kann für einen anderen sinnfrei sein.

Was meint Eigen-Sinn?

Eigen-Sinn meint die Bedeutung oder Bewertung, die Sie einem Ereignis, Erlebnis oder einer Tätigkeit selbst geben. Für Ihr Wohlbefinden ist es wichtig, dass diese Bedeutung bzw. Bewertung positiv, förderlich und für Sie akzeptabel ist.

Die Sinnerfahrung hat verschiedene Ausprägungen:

Kurzfristige Sinnerfahrung

Sie können praktisch allen kleineren Aufgaben Eigen-Sinn geben: Sozialen Treffen, aktuellen Aufgaben, Nahrungsaufnahmen, sportlichen Aktivitäten usw. Wenn Sie eine Sinnerfahrung an die nächste knüpfen, können Sie psychischen Belastungen, wie Einsamkeit, Langeweile, innere Leere usw., vermeiden.

Beispiel Soziale Treffen

- Zuhören trainieren
- Körpersprache beobachten
- Gewissheiten von Menschen analysieren
- Kongruenz von Sprache und Körpersprache analysieren
- usw.

Längerfristige Sinnerfahrung

Alle mittel- und längerfristigen Aufgaben, wie Aufbau einer beruflichen Existenz, Abschließen einer Ausbildung, Gründung einer Familie, usw., können Sie für eine mittel- oder längerfristige Sinngebung nutzen.

Wenn diese Aufgaben wirklich eigene Ziele als Basis haben, stellen Sie eine gute Grundlage für die physische und psychische Stabilität in dieser Zeit dar.

Sinn des Lebens

Wenn Sie es schaffen, Ihrem Leben eine umfassende Lebensaufgabe, einen Gesamtsinn, eine ganzheitliche Weltsicht zuzuordnen, dann haben Sie die Chance, ein erfülltes, glückliches, gesundes Leben mit hoher Lebensqualität zu führen.

Die Motivationspsychologie geht davon aus, dass Ziele und Aufgaben, die für Sie „sinnvoll" sind, die höchste Motivation erzeugen.

Je mehr sinnvolle Aktivitäten Sie erledigen, desto mehr haben Sie das Gefühl der Selbstverwirklichung; das bedeutet, Sie erleben mehr:

- innere Zufriedenheit
- Lebensfreude
- eigene Erfolge
- Harmonie und positive Gefühle
- Gesundheit
- emotionale Stabilität
- Krisenstabilität
- usw.

Sinnfindung

Sie können durch Nachdenken und größere Bewusstheit mehr Sinn in Ihrem täglichen Leben finden. Sie können durch Ihre Bewusstheit und Gespräche dazu beitragen, dass Ihre Freunde, Kollegen und Mitarbeiter mehr Sinn, Lebensqualität und Erfüllung in ihrem Leben erfahren. Dadurch wird gleichzeitig Ihr eigenes Leben sinnvoller.

Sinnvermittlung als Führungskraft

Wenn Sie erreichen wollen, dass Ihre Mitarbeiter die Aufgaben, die Sie ihnen delegieren, als sinnvoll akzeptieren, können Sie folgendes tun:

- Erklären Sie die Aufgaben und Ziele so, dass die Mitarbeiter sie verstehen können.
- Ordnen Sie die Ziele und Aufgaben in übergeordnete Ziele ein.
- Erläutern Sie die ökonomischen, politischen, ethischen usw. Zusammenhänge und Hintergründe.
- Seien Sie unbequem und fragen auch Ihre Führungskräfte nach diesen Themen.
- Delegieren Sie möglichst anspruchsvolle Aufgaben; nur diese bieten eine Chance für Sinnstiftung.
- Geben Sie Ihren Mitarbeitern die Chance, ihre Stärken, Fähigkeiten und Kenntnisse bei der Erledigung ihrer Aufgaben zu nutzen - nur das gibt Spitzenleistung und Sinnerfahrung.

Sinnorientierung: Beispiele

Eine Führungskraft könnte folgende Sinnzuordnung finden:

- Das Selbstwertgefühl der Mitarbeiter erhöhen
- Die Talente der Mitarbeiter nutzen und stärken
- Die Mitarbeiter fördern
- Die Mitarbeiter durch Konstruktive Kontrolle unterstützen
- Die Mitarbeiter wachsen lassen
- Die Entschlussfähigkeit der Mitarbeiter entwickeln
- usw.

Eltern können folgende Erziehungsziele anstreben:

Sinn der Erziehung könnte sein, den Kindern:

- Verantwortungsbewusstsein
- Positive Grundeinstellung
- Neugier
- Selbstbewusstsein
- Alterozentrierung
- Einfühlungsvermögen
- Ergebnisorientierung
- Entscheidungsfähigkeit
- Kritikfähigkeit
- Konfliktfähigkeit
- Offenheit
- Selbstvertrauen
- usw.

zu vermitteln

© Cartoon
Erik Liebermann

Selbstverwirklichung bedeutet: das Ideal-Ich erreichen

Denkzettel: Selbstverwirklichung

- Machen Sie die Selbstverwirklichung zum Ziel Ihres Lebens
- Sie müssen wissen, wohin Sie wollen, sonst landen Sie irgendwo
- Nutze und stärke Deine Stärken
- Leben Sie Ihr Leben
- Nur wer sich ändert bleibt sich treu
- Verlassen Sie die Ruinen Ihrer Gewohnheiten und gestalten Sie Ihr Leben
- Um Ihr Leben zu ändern ist es nie zu spät – es ist immer höchste Zeit
- Machen Sie aus sich ein Original – wer schätzt schon eine Kopie
- Leisten Sie sich den Luxus eine eigene Persönlichkeit zu haben

Selbstwertgefühl (SWG) - Minderwertgefühle

Ihr Selbstwertgefühl müssen Sie selbst erarbeiten

Selbstwertgefühl meint:
Die realistische Kenntnis der eigenen Fähigkeiten und Fertigkeiten.

Selbstbewusstsein meint:
Das realistische Bewusstsein für die eigene Wirkung auf andere.

Selbstsicherheit meint:
Das subjektive Gefühl der eigenen Befindlichkeit

Selbstvertrauen meint:
Die subjektive Einschätzung der eigenen Fähigkeiten.

Wie entstehen Minderwertgefühle:

Menschen, die dem eigenen **Anspruch** an sich selbst nicht gerecht werden, die unhöflich, unehrlich, unpünktlich, unloyal usw. sind, entwickeln in der Regel Schuldgefühle.

Andererseits, wenn jemand gegen die Normen einer Gesellschaft, eines sozialen Systems, gegen die Commitments einer Firma usw. verstößt, so sind die anderen Mitglieder des sozialen Systems sehr schnell bereit, Schuldzuweisung zu machen, um denjenigen zu disziplinieren, um ihn zur Ordnung zu rufen, um ihn auf diese Weise wieder ins soziale System zu integrieren.

Wir kommen nicht mit Minderwertigkeitsgefühlen in diese Welt. Unsere „Erzieher" installieren in uns „Kritiker", die uns klein machen.

Wenn jemand längerfristig entweder häufig selbst Schuldgefühle entwickelt oder von seinem sozialen Umfeld mit Schuldzuweisungen belastet wird, ist es ihm grundsätzlich nur möglich, Minderwertgefühle zu entwickeln.

Wir Menschen haben **Bedürfnisse.** Sie sind notwendig, um und physisch und psychisch am Leben zu halten,

Wenn es einem Menschen nicht gelingt, seine Bedürfnisse zu befriedigen, wenn er etwas, was er gerne hätte, nicht bekommt, d.h. z.B., wenn er Anerkennung nicht bekommt, wenn eine Beziehung in die Brüche geht usw., dann ist er in der Regel frustriert.

Wenn ein soziales System d.h. eine Familie, ein Verein, ein Team usw. einen Menschen in den Griff bekommen will, dann reagiert es in der Regel mit Sanktionen, d.h. mit dem Entzug von Bedürfnissen. Die anderen sprechen nicht mehr mit ihm, sie entziehen ihm Geld (Geldbuße), sie entziehen ihm Freiheit (Gefängnis) usw. Ein Mensch, der langfristig frustriert wird oder dem Dinge, die ihm wichtig sind, entzogen werden, ist nur schwer in der Lage, ein Selbstwertgefühl aufzubauen. Er wird Minderwertgefühle entwickeln.

Nur in dem Bereich, wo wir eigene Ziele verfolgen, wo wir uns für etwas einsetzen, wo wir etwas verantworten, werden wir eigene Erfolge haben; und nur über eigene Erfolge ist es möglich, ein konstruktives Selbstwertgefühl aufzubauen.

Das konstruktive Selbstwertgefühl ist zu unterscheiden vom destruktiven Selbstwertgefühl.

Menschen mit destruktivem Selbstwertgefühl stabilisieren sich häufig auf Kosten anderer, d.h., sie müssen andere klein machen oder darauf achten, dass andere klein bleiben, damit sie selbst „größer" wirken und sich auf diese Weise von anderen unterscheiden - d.h., ihr Selbstwertgefühl geht immer zu Lasten anderer.

Konstruktives Selbstwertgefühl heißt, die Menschen sind stabil aufgrund von eigenen Erfolgen. Sie brauchen andere nicht klein machen. Sie können sogar andere größer machen und andere auf ihrem Weg nach oben mitnehmen.

Wie können Sie Ihr Selbstwertgefühl selbst entwickeln:

Handeln Sie eigenverantwortlich:

Solange Sie Dinge tun, die andere von Ihnen erwarten, wünschen oder fordern, funktionieren Sie. Ihre soziale Passung wird immer größer und Sie können keine Persönlichkeit und kein SWG entwickeln. Entwickeln Sie eigene Ideen, Vorhaben und Vorschläge und setzen Sie diese um. Das bringt Ihnen Erfolgserlebnisse und entwickelt Ihr Selbstwertgefühl.

Schaffen Sie sich ein Biophiles Umfeld:

Legen Sie sich einen lebensbejahenden und lebensfrohen Freundes- und Bekanntenkreis zu, in dem es keine Unterwerfungen und dominanten Akte, d.h. keine Entschuldigungen, Rechtfertigungen, aber auch keine Vorwürfe und Schuldzuweisungen usw. gibt. Nur, wenn alle sich gleichwertig fühlen, können auch alle eine eigenständige Persönlichkeit entwickeln. Achten Sie darauf, dass in Ihrem Umfeld nicht „gemeckert" und dass nicht allzu oft Negativberichte verbreitet und Urteile gefällt werden.

Verzichten Sie auf Schuldzuweisung:

Verzichten Sie selbst auf Schuldzuweisungen, sie sind nur eine Kompensation von fehlendem Selbstwertgefühl und reduzieren Ihre Möglichkeit ein eigenes Selbstwertgefühl zu entwickeln.

Gehen Sie mit Ihren Fehlern konstruktiv um:

Wenn Sie nicht handeln, nichts unternehmen und nicht riskieren, werden Sie keine Fehler machen, können aber auch kein SWG entwickeln. Ein Fehler, den Sie gemacht haben, ist kein Grund sich ein schlechtes Gewissen zu machen oder Schuldgefühle zu heben – Sie haben den Fehler ja nicht absichtlich gemacht.

Überlegen Sie einfach, was Sie beim nächsten Mal anders machen – das reicht.

Legen Sie sich positive Gewissheiten zu:

Gewissheiten oder mentale Modelle sind subjektive Überzeugungen, die wir für wahr halten.

Gewissheiten benötigen wir, da sie uns Sicherheit bei unseren Bewertungen und Entscheidungen geben.

Da wir ein Bedürfnis nach Sicherheit bei Entscheidungen und Einschätzungen haben, sind wir **nicht** bereit, unsere Gewissheiten infrage zu stellen.

Negative Gewissheiten reduzieren Ihre Lebensqualität drastisch und hemmen Sie beim Entwickeln Ihres SWG.

„Unsere Gewissheiten sind unsere Gefängnisse"
Albert Camus

Für Ihr SWG ist es wichtig, dass Sie sich positive realitätsdichte Gewissheiten zulegen.

Feiern Sie Erfolge, wenn z.B. eine Aufgabe, ein privates Projekt oder ein eigens Ziel erreicht ist. Gönnen Sie sich ein gutes Essen, lesen Sie ein Buch, schauen Sie sich ein Fußballspiel an usw. und richten Sie damit die Aufmerksamkeit auf dieses positive Ergebnis.

Beispiele für Gewissheiten:

Negative Gewissheiten:

- Man muss misstrauisch sein
- Im Frühjahr bekomme ich eine Grippe
- Das ist schwierig
- Der Kollege XY liefert keine brauchbaren Ergebnisse
- Der Kunde XY ist lästig
- Der Lieferant liefert miserable Qualität
- Bei Föhn bekomme ich Kopfschmerzen
- Mitarbeiter müssen kontrolliert werden

Positive Gewissheiten:

- Ich vertraue Menschen
- Ich bin gesund
- Das schaffe ich
- Ich kann Ungarisch lernen
- Bei Föhn geht es mir gut
- Mitarbeiter können eigenverantwortlich arbeiten
- Mein Immunsystem ist stabil
- Ich erreiche meine Ziele
- Es ist einfach durch konstruktiv kritisches Denken eigene positive Gewissheiten u entwickeln.

Schaffen Sie Ihre eigenen Erfolgserlebnisse:

Erfolg ist: Ein eigenes Ziel erreichen

Ein konstruktives Selbstwertgefühl entwickelt sich wesentlich durch das Erreichen von eigenen Zielen.

Überlegen Sie sich wirklich eigene Ziele, überlegen Sie, wie sie erreichen können. Wo Sie Unterstützung brauchen, was Sie noch lernen müssen usw. und marschieren Sie los.

Feiern Sie Ihre Erfolge

Registrieren Sie Ihre Erfolge

Führen Sie ein Erfolgstagebuch lesen Sie regelmäßig darin und erinnern Sie sich an Ihre Erfolge

Verzichten Sie auf Misserfolgsanalysen:

Wenn etwas schief gegangen ist, Sie ein Ziel nicht erreicht haben, ein Plan nicht funktioniert hat, da überlegen Sie niemals warum es nicht funktioniert, das führt nur zu

Schuldgefühlen, Erfinden von Ausreden für sich selbst und reduziert Ihr Selbstwertgefühl.

Wenn Sie die Ursachen für Ihren Misserfolg kennen reparieren Sie nur an der alten Lösung herum.

Ohne die Ursache für einen Misserfolg zu kennen fällt es Ihnen viel leichter neue kreative Lösungen zu finden

Daher: **Bei Misserfolg neue Lösungen suchen!**

Bei erfolgreich abgeschlossenen Vorhaben ist es wichtig, dass Sie analysieren, wie Ihr Erfolg entstanden ist, um Ihre Erfolgsfaktoren für zukünftige Erfolge kennenzulernen.

Daher: **Bei Erfolg Ursachen analysieren!**

Machen Sie regelmäßig Erfolgsanalysen

Es ist wichtig, dass Sie bei erfolgreich abgeschlossenen Aktivitäten zu analysieren, welche eigenen Stärken, d.h.

- Eigenschaften
- Vorgehensweisen
- Fähigkeiten
- Verhaltensweisen
- Techniken
- Strategien
- usw.

zu Ihrem Erfolg geführt oder beigetragen haben.
(Am wirkungsvollsten geht das im Alpha-Zustand.)

Das Registrieren und Analysieren von Erfolgen ist ein wesentlicher Beitrag zur Entwicklung Ihres Selbstwertgefühls

Sagen Sie konsequent und bewusst „Nein":

Wenn ein Bekannter, ein Kollege oder sonst jemand mit der Bitte um einen Gefallen zu Ihnen kommt, ist die Versuchung groß, diesem den Gefallen zu tun.

Es gibt viele gute Gründe für Sie, solche Dinge anzunehmen; z.B.:

- Sie bekommen Anerkennung
- Die anderen sind ihm dankbar
- Sie fühlen sich wichtig
- Sie können mitreden
- Sie fühlen sich akzeptiert
- usw.

und Sie haben natürlich dadurch weniger Zeit, ihre eigenen Aufgaben zu erledigen, Ihre eigenen Ziele zu erreichen und werden bald zum Mülleimer Ihres Bekanntenkreises nach dem Motto: „Einem willigen Esel packt jeder etwas drauf".

Wenn Sie „nein" sagen können, erleben Sie, dass

- die Akzeptanz ihrer Person steigt, und
- Ihre Lebensqualität zunimmt.

Beides sind wesentliche Komponenten eines konstruktiven Selbstwertgefühls.

Ihr SWG ist eine wesentliche Komponente für Ihre Lebensqualität.

Ihr SWG wird Ihnen nicht vererbt oder sozialisiert – Sie müssen es selbst Ihr ganzes Leben lang weiterentwickeln.

© Cartoon
Erik Liebermann

Selbstwertgefühl entsteht nur durch aktives Handeln

Denkzettel: Selbstwertgefühl - Minderwertgefühle

- **Ein stabiles Selbstwertgefühl erhöht Ihre Lebensqualität**

- **Gelassen können Sie nur sein, wenn Sie Selbstwertgefühl haben**

- **Wenn Sie Selbstwertgefühl haben, brauchen Sie anderen keine Bestätigung oder Anerkennung mehr abzuringen**

- **Nur wenn Sie Selbstwertgefühl haben, macht Bescheidenheit Sinn**

- **Ihr Selbstwertgefühl macht Sie immun gegen Pessimisten**

Sinnorientierung

Eigen-Sinn macht Ihr Leben sinnvoll

Sinnkrisen oder Sinnverlust führen häufig zu Verzweiflung oder Depression.

Zwischen Sinnorientierung und Gesundheit gibt es deutliche Zusammenhänge: Menschen, die ihr Leben und das was sie tun als sinnvoll erleben, sind psychisch und damit physisch gesünder und können Krisen besser bewältigen.

Menschen bewältigen eine Krise (Tod eines Angehörigen, chronische Krankheit, Lähmung usw.) in der Regel ohne psychische Schäden, wenn sie ein sinnorientiertes Leben führen oder nach einer Krise einen (neuen) Lebenssinn finden

Ob ein Mensch den Zweck seines Lebens nur im Überleben und in der Arterhaltung sieht oder ob er sich entscheidet, ein selbstbestimmtes und sinnvolles Leben zu führen, kann und muss er selbst entscheiden. Viele Institutionen sind nur zu gerne bereit die Sinnstiftung für Menschen zu übernehmen, z.B. Kirchen, Islamisten, Sekten, esoterische Gruppen usw.

Sinngebungen sind individuell. Was für Sie sinnerfüllt ist, kann für einen anderen sinnfrei sein.

Egozentrische Mensch suchen ihren Eigen-Sinn häufig in der Befriedigung geistiger (z.B. Kunst), erotischer (z.B. Genuss), sozialer. (z.B. Partnerschaft) oder materieller (z.B. Besitz) Bedürfnisse zu finden.

Alterozentrierte Menschen suchen Ihren Eigen-Sinn eher im sozialen, politischen oder Umweltbereich oder auch auf der Suche nach einer Metaebene (z.B. Gott, Philosophie), die ihnen den Sinn ihres Lebens erklären.

Was meint Eigen-Sinn?

Eigen-Sinn meint die Bedeutung oder Bewertung, die Sie Ihrem ganzen Leben und/oder einem Ereignis, Erlebnis oder einer Tätigkeit selbst geben. Für Ihr Wohlbefinden ist es wichtig, dass diese Bedeutung bzw. Bewertung positiv, förderlich und für Sie akzeptabel ist.

Die Sinngebung hat verschiedene Ausprägungen:

Kurzfristige Sinngebung

Sie können praktisch allen kleineren Aufgaben einen Eigen-Sinn geben: sozialen Treffen, aktuellen Aufgaben, Nahrungsaufnahmen, sportlichen Aktivitäten usw. Wenn Sie eine Sinngebung an die nächste knüpfen, können Sie psychischen Belastungen, wie Einsamkeit, Langeweile, innere Leere usw., vermeiden.

Beispiel:
Eine langweilige gesellige Runde oder Besprechung können Sie nutzen, um z.B.:

- Zuhören zu trainieren
- Körpersprache zu beobachten
- Gewissheiten von Menschen zu analysieren
- die Kongruenz von Sprache und Körpersprache zu analysieren
- usw.

Längerfristige Sinngebung

Alle mittel- und längerfristigen Aufgaben, wie Aufbau einer beruflichen Existenz, Abschließen einer Ausbildung, Gründung einer Familie, usw., können Sie für eine mittel- oder längerfristige Sinngebung nutzen.

Wenn diese Aufgaben wirklich eigene Ziele oder Eigen-Sinn als Basis haben, stellen Sie eine gute Grundlage für die physische und psychische Stabilität, d.h. Ihrer Gesundheit in dieser Zeit dar.

Beispiel:

Sinn der Erziehung Ihrer Kinder könnte z.B. sein:

- Verantwortungsbewusstsein
- Positive Grundeinstellung
- Neugier
- Selbstbewusstsein
- Entscheidungsfähigkeit
- Kritikfähigkeit
- Konfliktfähigkeit
- Offenheit
- usw.

zu vermitteln

Sinn des Lebens

Wenn Sie es schaffen, Ihrem Leben eine umfassende Lebensaufgabe, einen Gesamtsinn, eine ganzheitliche Weltsicht zuzuordnen (z.B. ein gläubiges Leben führen, ein Kunstwerk schaffen, sich um einen Behinderten kümmern), dann haben Sie die Chance, ein erfülltes, glückliches, gesundes Leben mit hoher Lebensqualität zu führen.

Je mehr sinnvolle Aktivitäten Sie erledigen, desto mehr können Sie Ihr Leben leben, d.h. Sie erleben mehr:

- Gesundheit
- Lebensfreude
- Emotionale Stabilität
- Krisenstabilität
- Lebensqualität
- usw.

Sinnfindung

Sie können durch Nachdenken und größere Bewusstheit mehr Eigen-Sinn in Ihrem täglichen Leben finden. Sie können durch Ihre Bewusstheit und Gespräche dazu beitragen, dass Ihre Freunde, Kollegen und Mitarbeiter mehr Sinn, Lebensqualität und Erfüllung in ihrem Leben erfahren.

Dadurch wird gleichzeitig Ihr eigenes Leben sinnvoller.

© Cartoon Erik Liebermann

Eigen-Sinn hält Sie gesund

Denkzettel: Sinnorientierung

- Der Sinn Ihres Lebens ist es glücklich zu sein
- Der Sinn Ihres Lebens ist es Ihre Zukunft zu gestalten
- Der Sinn Ihres Lebens ist es lebendig zu sein
- Der Sinn Ihres Lebens ist es Ihr Leben selbst zu gestalten
- Der Sinn Ihres Lebens ist es Ihrem Leben einen Sinn zu geben
- Der Sinn Ihres Lebens ist Ihre eigene Entwicklung zu gestalten
- Geben Sie Ihren Aktivitäten einen Sinn – damit Ihr Leben einen Sinn macht
- Mit einer sinnvollen Aufgabe fühlen Sie sich Überall zu Hause
- Ihre Persönlichkeit wächst mit dem Sinn der Dinge, die Sie tun
- Eigen-Sinn macht reich, Leichtsinn macht arm

Spiegelneuronen

Nutzen Sie Ihre Spiegelneuronen für die Verbesserung Ihrer Beziehungsfähigkeit

Was sind Spiegelneuronen?

Spiegelneuronen wurden erst 1996 vom Italiener Giacomo Rizzolatti entdeckt. Spiegelneuronen werden in unterschiedlichen Regionen im Gehirn angedockt, in der Regel da, wo Abläufe, bzw. Gewohnheiten gespeichert sind. Sie haben die Aufgabe, durch Beobachtung des Umfelds die eigenen Verhaltensweisen durch Anpassung an die Verhaltensweisen, die wir im sozialen und mentalen Umfeld erleben, zu ergänzen oder zu ersetzen. Dadurch geben uns die Spiegelneuronen die Möglichkeit, von unserem sozialen, emotionalen, mentalen Umfeld usw. zu lernen. Sie ermöglichen dem Kind, durch Vorbilder zu lernen, ermöglichen uns, die Sprache - indirekt - von unserem sozialen Umfeld zu übernehmen usw.

Das geht soweit, dass, wenn andere Menschen etwas tun, was nicht unseren eigenen Gewohnheiten entspricht, wir stark emotional reagieren oder auch, wenn wir im Fernsehen ein Fußballspiel beobachten, - obwohl wir selbst nicht aktiv spielen - unser Blutdruck steigt.

Die Spiegelneuronen geben uns die Möglichkeit, uns in andere Menschen hineinzudenken. Das ist die einfachste Möglichkeit, von anderen zu lernen und uns in deren Erlebnis- und Gedankenwelt einzufühlen.

Spiegelneuronen werden von uns lebenslang immer neu entwickelt und erweitert.

Es ist noch ungeklärt, ob unser Gehirn unterscheiden kann, ob wir etwas selbst erleben oder indirekt über andere erleben (Mentales Training).

Spiegelneuronen sind die wichtigsten Akteure beim Lernen unserer sozialen Fähigkeiten.

Stress lähmt Ihre Spiegelneuronen.

Im Stress schüttet unser Gehirn Adrenalin. Adrenalin blockiert unsere Spiegelneuronen, d.h. im Stress ist unser Einfühlungsvermögen und fundamentales Verständnis für andere gestört. Die Spiegelneuronen werden zwar angesprochen, aber sie interpretieren die Information falsch, da die Einstellung „Gefahr" alles andere überlagert. Harmlose Gesten erleben wir als bevorstehenden Angriff, Bemerkungen interpretieren wir falsch und die Emotionen schlagen schneller hoch.

Länger anhaltende Stresssituationen führen dazu, dass die Fähigkeit, in anderen Menschen zu „lesen", sich in sie hineinzufühlen und auf sie einzugehen, stark nachlässt, so dass sich stressgeplagte Menschen häufig aus sozialen Bindungen mehr oder weniger zurückziehen.

Spiegeln Sie Ihre Teamkollegen

Die Arbeit Ihrer Spiegelneuronen können Sie gut beobachten, wenn Sie einen Teamkollegen in Haltung, wenig Gestik usw. nachahmen. Sie bekommen dann ein Gefühl dafür, wie sich der Gesprächspartner gerade fühlt. Sie werden überrascht sein, wie Sie sich plötzlich dem Teamkollegen gegenüber verbunden fühlen und Vertrauen aufbauen können.

Dasselbe gilt natürlich auch für Ihren Teamkollegen, der sich - ohne dass ihm die Ursache bewusst wird - plötzlich Ihnen gegenüber verbunden fühlt.

Trainieren Sie Ihre Intuition

Intuition verwertet in einem gigantischen Bewertungsprozess alle ihr situativ zur Verfügung stehenden rationalen, bewussten Fakten und emotionale Erfahrungen. Das Ergebnis dieses riesigen Bewertungsprozesses verdichtet sich zu einer Entscheidung: Tue ich es oder tue ich es nicht? Die

Intuition wählt immer diejenige Lösung aus, die situativ die meisten Aussichten auf Erfolg hat.

Die Informationen, die bei intuitiven Entscheidungsprozessen verwendet werden, sind uns nur zu etwa 5 % bewusst. 95 % der Entscheidungskriterien werden unbewusst wirksam. Das führt dazu, dass uns intuitive Entscheidungen oft als fremd, nicht nachvollziehbar und vor allem nicht erklärbar erscheinen, bzw. nicht begründbar sind.

Beispiel: Ein Feuerwehrmann konnte im Bruchteil von 1 Sekunde entscheiden, ob in einem brennenden Treppenhaus die Treppe seine Leute noch trägt, obwohl er die Gründe für diese Entscheidung nicht nennen kann. Im Nachhinein wurde analysiert, dass das Knacken des brennenden Holzes für ihn zum entscheidenden Kriterium für die Stabilität der Treppe wurde.

Überlegen Sie einmal, wie Sie zu der Entscheidung kommen, dass Ihnen ein Mensch, dem Sie gerade erstmals begegnen, sympathisch oder unsympathisch, vertrauenswürdig oder nicht vertrauenswürdig usw. ist! Achten Sie bewusst darauf, was Ihnen an einem Menschen auffällt, denn das sind im Wesentlichen die Entscheidungskriterien, die Ihr Unbewusstes verwendet.

Ihr Unbewusstes nimmt alle Merkmale der Körpersprache auf, wie Mimik, Blickkontakt, Sprechweise, Modulation, Augenabstand, die Form des Kinns usw. und entscheidet, ob Sie diesem Menschen vertrauen können oder nicht.

Beachten Sie Ihre Somatischen Marker

Die intuitiven, beziehungsweise emotionalen Entscheidungen senden uns permanent Botschaften über das vegetative Nervensystem.

Beispiele sind: Die Schmetterlinge im Bauch beim Verliebtsein, der heiße Magen bei Wut, das Kribbeln im Bauch bei Prüfungsangst usw.

Die somatischen Marker sind ein wichtiger Hinweis Ihres Unterbewusstseins, wie Sie zu einer emotionalen Entscheidung stehen. Es ist deshalb wichtig, sich die eigenen somatischen Marker bewusst zu machen.

In einem Team ist es wichtig, intuitive Entscheidungen einzubringen - auch wenn sie in der Regel nicht begründbar sind -, da sie doch wesentliche Komponenten einer Teamentscheidung sein können.

Auch der Eindruck, eine intuitive Entscheidung sei noch nicht ausgereift, muss eingebracht werden. Aussagen wie „Ich habe das Gefühl, wir haben nicht alles berücksichtigt" oder „Mein Bauch sagt mir, dass Müller nicht der Richtige ist" oder „Ich glaube, ich brauche einen neuen Arbeitsplatz", sind für das Finden von belastbaren Teamentscheidungen wichtig.

Nutzen Sie die Spiegelneuronen für die Teambildung

Die Spiegelneuronen erzeugen im Team Geborgenheit und ein Zusammengehörigkeitsgefühl. Nutzen Sie bewusst die Funktion der Spiegelneuronen für die Teambildung und für jeden anderen Beziehungsaufbau:

- Generieren Sie in Ihrem Team positive Rituale - sie erzeugen Geborgenheit.

- Lassen Sie Ihr Team möglichst oft gemeinsam aktiv sein, damit es zusammenwächst.

- Lassen Sie Ihr Team gemeinsame Herausforderungen erleben - das generiert neue Spiegelneuronen.

- Sprechen Sie im Team möglichst oft somatische Marker an.

Spiegelneuronen gestalten eine wesentliche Komponente Ihrer Sozialkompetenz.

© Cartoon Erik Liebermann

Spiegelneuronen verstärken Ihre sozialen Fähigkeiten

Denkzettel: Spiegelneuronen

- **Misstrauen Sie beim Einschätzen von Menschen Ihrer Vernunft**
- **Beachten Sie die Signale Ihres vegetativen Nervensystems**
- **Lernen Sie Ihre somatischen Marker kennen**

Stressstabilität und Gesundheit

Stress vermeiden ist besser als Stress behandeln

Wir brauchen Stress. Ohne Stress werden wir nicht aktiv. Wir brauchen entweder Freude an einer Aufgabe (EU-Stress) oder Druck (DI-Stress).

Solange wir Spass an einer Herausforderung haben, laufen wir zur Höchstform auf und leisten längere Zeit Überdurchschnittliches.

Wenn wir eine Situation subjektiv als Überforderung oder Belastung erleben, führt das langfristig zu Burn-out. Wenn wir unsere Ressourcen, Fähigkeiten, Kenntnisse usw. nicht nutzen, d.h. wenn wir eine Situation subjektiv als Unterforderung erleben, führt das zum Bore-Out.

Burn-out und Bore-Out bedeuten für uns DI-Stress.

Die Wissenschaft erkennt immer mehr, dass eine häufige Ursache für Stress ein Defizit im Beziehungsreich ist, gemeint sind sowohl die privaten als auch die beruflichen Beziehungen.

DI-Stress erleben wir als intensiven, unangenehmen Zustand, der langfristig negative Auswirkungen auf unsere Gesundheit, unsere Leistungsfähigkeit und unser Selbstwertgefühl hat.

(DI-)Stress ist jede Belastung, die wir als solche empfinden.

Stress, Arbeitsfähigkeit und Lebensqualität

Stress erzeugt eine hohe Konzentration von Adrenalin - auch im Gehirn - mit folgenden Konsequenzen:

- Bereiche Ihres Gedächtnisses werden lahmgelegt.

- Die Netzwerkbildung der Neuronen und Synapsen, d.h. Ihre Denkfähigkeit, wird gestört.
- Ihre Kreativität und Ihre Innovationsfähigkeit werden reduziert.
- Ganze Areale des Limbischen Systems werden in ihrer Funktion reduziert. Dadurch entsteht Gefühlsarmut, d.h. Ihre Fähigkeit zu genießen, sich zu freuen.
- Langfristiger Stress reduziert Ihre Beziehungsfähigkeit.
- Stress reduziert Ihre Fähigkeit, sich auf das Wichtige zu konzentrieren.
- Langfristiger Stress führt zu massiven körperlichen Symptomen. Stressphasen

Die je subjektive Reaktion unseres Körpers auf eine psychische Belastung spielt sich in 3 Phasen ab:

A-Phase: Wenn wir situativ eine kurzfristige Belastung erleben, verringert sich die Widerstandskraft unseres Körpers. Diese Reaktionen hören auf, wenn die Belastungen aufhören. Ein regelmässiger Wechsel zwischen Belastung und Entspannung ist für uns gesund und hält uns fit.

Stresssymtome A-Phase:

Kopfschmerzen, Schlafstörungen, Schlappheit usw.

B-Phase: Wenn die stressende Belastung länger andauert, stabilisiert sich unsere Widerstandskraft und wir haben subjektiv den Eindruck, dass wir über längere Zeit (1-3 Jahre) Überdurchschnittliches leisten. (Es macht Sinn, dass wir uns hier die Frage stellen, ob der Wirkungsgrad auch so hoch ist, wie wir annehmen.) In der B-Phase zeigen sich Symptome, die uns in der Regel selbst nicht bewusst sind.

Die B-Phasen Symptome erleben wir in 4 Bereichen:

- Kognitive Symptome
- Emotionale Symptome
- Vegetative Symptome
- Muskuläre Symptome

Stresssignale: B-Phase

Folgende Reaktionen können Hinweise auf die B-Phase des Stresses sein:

Kognitive Reaktionen

- Gedanken wie:
- „Das schaffe ich nie"
- „Auch das noch"
- „Das geht schief"
- Leere im Kopf (Blackout)
- Konzentrationsmangel
- Denkblockaden
- „ja, aber..."

Emotionale Reaktionen

- Angst
- Schreck
- Panik
- Nervosität
- Verunsicherung
- Gefühlsstau
- Ärger
- Wut
- Gereiztheit
- Aufgaben ändern
- Entscheidungen ändern

Vegetative Reaktionen	Muskuläre Reaktionen
- Trockener Mund	- Starre Mimik
- Räuspern	- Fingertrommeln
- Herzklopfen/Herzstiche	- Zittern
- Blutdruckanstieg	- Zähneknirschen
- Sodbrennen	- Schultern hochziehen
- Flaues Gefühl im Magen	- Füße scharren
- Übelkeit, Erbrechen	- Fuß wippen
- Verstopfung	- Zucken
- Schwitzen	- Spannungskopfschmerz
- Erröten	- Rückenschmerzen
- Kurzatmigkeit	- Faust ballen
- Tränen	- Stottern
- Weiche Knie	- Verzerrtes Gesicht
- Adern treten hervor	- Nervöse Gestik
- Engegefühl in der Brust	- Muskelzucken
- Kalte Hände und Füße	- Zittern der Hände
- Blasses Gesicht	

C-Phase: Wenn die B-Phase zu lange dauert, gibt unser Körper den Widerstand auf, und wir zeigen Symptome, die in der Regel unsere Arbeitskraft stark beeinträchtigen oder Arbeiten unmöglich machen – und denen die Ärzte häufig hilflos gegenüberstehen.

C-Phasen-Symptome sind:
Burn-Out-Syndrom

- Magenschmerzen
- Magenschleimhautentzündung
- Magengeschwüre
- Gastritis
- „Migräne"
- Herzrhythmusstörungen
- Herzflattern
- Sodbrennen
- Asthma
- Hörsturz
- usw.

Stresstypen

Wir unterscheiden 4 verschiedene Stresstypen, die einen je unterschiedlichen Handlungsbedarf zur Folge haben:

Typ1:

Diese Menschen sind sehr erfolgreich und haben keinen Stress. Sie erleben EU-Stress, haben Spass an der Arbeit und lieben Herausforderungen. Sie bringen hohe Wertschöpfung und haben ein überdurchschnittliches und effektives Leistungsvermögen.

Handlungsbedarf: keiner

Typ 2:

Diese Menschen sind erfolgreich, sind aber gestresst oder stressgefährdet. Sie haben nur begrenzte Zeit ein hohes Leistungsvermögen und es besteht bei zu langer hoher Belastung die Gefahr der Somatisierung oder das Burn-out. Der Handlungsbedarf besteht hier darin, die Belastung bewusst zu variieren, die Belastungsphase zeitlich (max. 2 Jahre) zu begrenzen und diese Menschen anzuregen, ihre Einstellung zu ihren Aufgaben zu ändern. (Dies geschieht meist mit professioneller Hilfe.)

Handlungsbedarf: Einstellung ändern

Typ 3:

Diese Menschen sind nicht erfolgreich und haben auch keinen Stress. Sie suchen sich im Unternehmen eine Nische, die wenig kontrolliert wird. Häufig bauen sie ein „Beschäftigungsimage" auf – z.B. durch Überstunden – oder sie demonstrieren Stress. Wenn Sie bei diesen Menschen nichts unternehmen, besteht die Gefahr, dass Sie andere anstecken. Wenn der Versuch, sie für ihre Aufgaben zu begeistern, nicht erfolgreich ist, bleibt letztlich nur die Konsequenz, sich von Ihnen zu trennen.

Handlungsbedarf: Motivieren oder kündigen

Typ 4:

Diese Menschen sind nicht erfolgreich und erleben Stress. Sie haben keine Chance gehabt, Persönlichkeit zu entwickeln und sind sehr stark fremdorientiert; d.h. ihnen ist sehr wichtig, was andere von ihnen halten, und brauchen für alles eine Bestätigung von anderen. Wenn diese Anerkennung ausbleibt, werden sie in der Regel krank. Diese Mitarbeiter brauchen in der Regel eine Therapie.

Handlungsbedarf: Therapie

Stressstabilität

Die Ursachen für Stress kommen immer aus unserem Inneren. Stress entsteht nie durch Außendruck, er entsteht immer durch unsere Einstellung zu dem, was von außen kommt. Diese Einstellung ist subjektiv und sehr vielfältig. Was dem einen Spass macht, erlebt der andere als Belastung (denken Sie an Haus bauen, Kinder erwachsen werden lassen, Mitarbeiter führen usw.) Wenn der Stress schon da ist, ist es schwer, die Einstellung zu ändern. Daher ist es wichtig, dass Sie sich – solange Sie gesund und fit sind – so gegen den Stress stabilisieren, dass er bei Ihnen keine Chance hat.

Es gibt eine ganze Reihe von Massnahmen, aus denen Sie die für Sie persönlich geeigneten Massnahmen auswählen können, um sich gegen Stress zu stabilisieren:

- Praktizieren Sie eine qualifizierte Entspannungstechnik.
  Sie reduziert Ihre Adrenalinschüttung und erhöht Ihre Gelassenheit.

- Praktizieren Sie Mentales Training.
  Damit können Sie Ihre Einstellungen ändern und Ihre eventuellen psychosomatischen Symptome behandeln.

- Erweitern Sie Ihre Autonomie (Eigensteuerung).
  Damit verhindern Sie die Fremdsteuerung, die zum Stress führt. Dazu gehört ein Innerer Dialog, der Ihnen hilft, das Leben zu führen, das Ihnen entspricht.

- Stabilisieren Sie Ihr Selbstwertgefühl.
  Minderwertgefühle sorgen für psychische Verletzungen und diese führen für Stress.

- Gestalten Sie bewusst Ihre Beziehungen.
  Wenn es Ihnen nicht gelingt die jeweiligen Beziehungen positiv zu gestalten, wechseln Sie notfalls das private und berufliche soziale Umfeld.

- Achten Sie auf eine positive Grundeinstellung.
  Sorgen, Ängste, Probleme, Schwierigkeiten usw. sind die Angriffsflächen für Ihren Stress.

- Legen Sie sich ein biophiles (lebens-bejahendes) Umfeld zu. Gute, vertrauensintensive Freunde zu haben, die positiv eingestellt sind, ist ein wichtiger Faktor für Ihre physische und psychische Gesundheit.

- Achten Sie auf eine erfolgsorientierte Selbstorganisation. Die permanente Gewissheit, das Wichtigste erledigt zu haben, stabilisiert Ihre Psyche.

- Achten Sie auf Ihr persönliches Gleichgewicht.
  Ihr subjektives Gefühl, dass Ihr Beruf, Ihre Gesundheit, Ihre Beziehung und Ihr Lebenssinn für Sie im Gleichgewicht sind, stabilisiert Ihre innere Ruhe.

- Handeln Sie immer alterozentriert.
  Wenn Sie bei allem, was Sie tun, gedanklich die Einstellungen, Meinungen, Ängste, Gewissheiten Ihrer Partner berücksichtigen, reduzieren Sie Ihre Misserfolge.

- Reduzieren Sie die Stressoren.
  Machen Sie einen Stresstest. Er zeigt Ihnen Einflüsse aus Ihrem Umfeld auf, die Sie belasten, und reduzieren Sie diese.

Stabilisieren Sie sich rechtzeitig gegen Stress

Denkzettel: Stressstabilität und Gesundheit

- Wenn Sie nicht abschalten können, können Sie bald nicht mehr schalten.
- Autonomie verhindert Stress.
- Probleme und Stress schaukeln sich gegenseitig auf
- Die meisten jagen sich selbst
- Was Sie erledigt haben stresst Sie nicht
- Prioritätenplanung reduziert Stress
- Erzählen Sie zuhause Positives von Ihrer Arbeit

Verhandeln

Egal, wo Sie verhandeln, im Unternehmen, im Verein, in der Familie oder sonst wo, es ist immer wichtig, dass Sie als Ergebnis eine Win-Win-Situation erreichen – sonst produzieren Sie nur einen Konflikt.

Grundsätzlich gelten für Verhandlungen die Grundgedanken für das Überzeugungsgespräch. Darüber hinaus lohnt es sich, folgende Hinweise zu berücksichtigen:

Zugeständnisse

Wenn Sie in Verhandlungen Zugeständnisse machen wollen, d.h. nachgeben, ist es wichtig, die einzelnen Schritte des Zugeständnisses so zu gestalten, dass gedanklich eine Kurve entsteht, die sich einem Grenzwert nähert; d.h. zuerst machen Sie ein etwas größeres Zugeständnis, dann ein kleineres, dann ein noch kleineres usw...

Dadurch entsteht beim Gesprächspartner der Eindruck, dass dieser Grenzwert nicht überschritten werden kann. Dieser fiktive Grenzwert liegt über Ihrem tatsächlichen Grenzwert.

Wichtig: Es gibt kein Zugeständnis ohne Gegenleistung des Verhandlungspartners; d.h., wenn Sie ein Zugeständnis machen, muss der Verhandlungspartner ebenfalls ein Zugeständnis machen, sonst spielt er mit Ihnen „Katz und Maus".

Partnerorientierte Sprache

Jedes Unternehmen und jeder Verhandlungspartner hat seine eigene Sprachkultur, d.h. bestimmte Schlüsselwörter sind üblich bzw. zur Gewohnheit geworden (z.B. Führen, Leiten, Coachen) und Reizworte (z.B. Personalabbau, Personalanpassung).

Sie erhöhen Ihre Akzeptanz beim Verhandlungspartner und reduzieren Missverständnisse, wenn Sie die Sprachgewohnheiten und vor allem die Schlüsselbegriffe Ihres

Verhandlungspartners akzeptieren und für Ihre Verhandlung übernehmen; u.U. ist es sinnvoll, sie in Ihrem Sinne zu definieren.

Positionen

In fast jeder Verhandlung kommt ein Punkt, bei dem Ihr Verhandlungspartner eine Position einnimmt, die er als endgültig bezeichnet (z.B. „Das ist mein letzter Preis", oder „Das Angebot kommt für mich nicht in Frage"). Ein Angriff auf diese Position wird vom Verhandlungspartner in der Regel als Angriff auf seine Person erlebt.

Die Verhandlung bleibt nur sachlich, wenn Sie die vom Verhandlungspartner genannte Position weder akzeptieren noch ablehnen. Lassen Sie offen, wie Sie dazustehen.

Hinterfragen Sie stattdessen die Interessen des Verhandlungspartners, um seine Gründe zu erfahren, die in der Regel verhandelbar sind, bzw. um seine Ansprüche und Bedürfnisse zu erkennen, die in der Regel nicht rational diskutabel und damit auch nicht verhandelbar sind, aber häufig anderweitig befriedigt werden können.

Missverständnisse in Verhandlungen

Der Freud'sche Versprecher wird in der Regel vom Sender bemerkt und korrigiert. Der Freud'sche Verhörer wird in der Regel nicht erkannt, weil der Zuhörer davon ausgeht, dass er richtig gehört bzw. verstanden hat, was der Sender gemeint hat. Deshalb ist es wichtig, dass Sie, sobald Sie den geringsten Verdacht haben, dass -unbewusst- ein Missverständnis entstanden ist, dieses sofort aufklären.

Missverständnisse sind Verhandlungsblockaden, die meist ohne Absicht entstehen und sobald als möglich aufgelöst werden müssen.

Der Sender ist dafür verantwortlich, dass der Empfänger das versteht, was der Sender gemeint hat. Wenn Sie selbst das Missverständnis verursacht haben, berichtigen Sie es durch eine „Ich"- Botschaft

Der Empfänger darf erst reagieren, wenn er kontrolliert hat, ob er verstanden hat, was der Sender gemeint hat. Wenn Sie den Verdacht haben, Ihren Verhandlungspartner nicht richtig verstanden zu haben, benützen Sie eine „Verbalisierung" bzw. wiederholen das, was Sie verstanden haben, mit anderen Worten.

Faktenbasis

Das Auflisten bzw. Feststellen von Zahlen, Daten und Fakten, die in Verhandlungen verwendet werden, kann bedrohlich wirken. Sowohl bei den, in der Vorbereitung zur Verhandlung erarbeiteten Fakten als auch bei den, in der Verhandlung erfahrenen Fakten, ist es deshalb sinnvoll, sie in Form von geschlossenen Fragen dem Verhandlungspartner anzubieten und sie sich von ihm bestätigen zu lassen bzw. den Verhandlungspartner gegebenenfalls um Korrektur der Darstellung zu bitten (siehe auch den Beitrag „Fragetechniken").

Wichtig ist, dass Sie vor Beginn der eigentlichen Verhandlung einen Konsens über die wichtigsten Basisfakten erzielen.

Persönliche Angriffe

Viele Menschen greifen Gesprächs- und Verhandlungspartner als Person an, um sie zu verletzen oder zu beleidigen und sie dadurch in der Verhandlung zu schwächen. (Beispiel: „Können Sie Ihren Chef rufen, der weiß sicher besser Bescheid" oder „Sind Sie da sicher?")

Persönliche Angriffe sind der Versuch, Macht auszuüben. Ob ein persönlicher Angriff trifft, entscheidet nie der Sender, sondern ausschließlich der Empfänger.

Viele reagieren auf einen persönlichen Angriff mit Dominanz oder mit Unterwerfung. Tun Sie einfach so, als hätten Sie den Angriff nicht gehört.

Wenn Sie persönliche Angriffe ignorieren, nehmen Sie dem Angreifer Macht.

Verhandlungsführung: Grundgedanken

- Einwände als Chance betrachten
- Einwände in Bedingungen umwandeln
- Positionen des Verhandlungspartners weder akzeptieren noch ablehnen
- Zugeständnisse auf Grenzwerte ausrichten
- Missverständnisse sofort auflösen
- Die Wirklichkeit des Verhandlungspartners analysieren
- Einwände und Vorwände unterscheiden
- Konfliktpotenziale des Verhandlungspartners erkennen.
- Die Faktenbasis abfragen und Konsens herstellen
- Keine Zugeständnisse ohne Gegenleistung
- In Verhandlungsteams Rollen festlegen
- Beispiele gezielt einsetzen
- Bei Vorurteilen das Thema wechseln
- Indiskretionen situativ aufdecken
- Ansprüche und Bedürfnisse hinterfragen
- Schweigen gezielt einsetzen
- Bei Widerstand Positivreaktionen einsetzen
- Unterstellungen vermeiden
- Nie zurückschlagen

- Die eigene Energie nie gegen die Energie des Verhandlungspartners richten
- Reizwörtern erkennen und vermeiden
- Definitionen vorgeben
- Verhandeln braucht Vertrauen
- Zuhören ist wichtiger als Reden
- Verhandlungen sind nur unter sich gleichwertig Fühlenden möglich
- Teilergebnisse erreichen und festhalten
- Persönliche Angriffe ignorieren

© Cartoon Erik Liebermann

Ziel des Verhandelns ist immer eine WIN-WIN-Situation

Denkzettel: Verhandeln

- Die Argumente werden nicht von der Sache, sondern vom Verhandlungspartner bestimmt
- Strategie statt Energie
- Zugeständnisse auf einen Grenzwert ausrichten
- Ignorieren Sie persönliche Angriffe
- Strukturen erleichtern die Aufnahme
- Trennen Sie bei Widerstand Person und Sache
- Gestalten Sie Ihr Verhalten selbstbewusst
- Verhandlungen ohne Selbstdarstellung sind erfolgreicher
- Unterstützen Sie die Verhandlung durch Selbstmarketing

Wahrnehmung

oder
wie wir aus der Realität unsere Wirklichkeit machen

Realität und Wirklichkeit

Realität ist die tatsächlich gegebene Situation.

Wirklichkeit ist unsere, je subjektive Interpretation der Realität.

Diese Interpretation der Realität geschieht durch unsere Wahrnehmung. Es ist uns Menschen nicht möglich, die Realität zu erkennen; d.h. jeder Mensch nimmt automatisch eine gemeinsam beobachtete Realität anders wahr. Unsere Wahrnehmung macht aus der Realität unsere eigene Wirklichkeit.

Durch Kommunikation ist es uns möglich, die je eigenen Wirklichkeiten einander anzunähern, d.h. eine kollektive Rationalität zu erreichen. Ein verantworteter Dialog setzt eine bewusste Realitätsorientierung beider Gesprächspartner voraus.

Darüber hinaus wählt unser Unterbewusstsein aus der Vielzahl von Informationen, die eine beobachtete Situation enthält, diejenigen aus, die ihm wichtig erscheinen. Das betrifft Positives und Negatives. Wenn Sie z.B. bewusst auf Schönes und Positives in Ihrem Alltag achten, wird das für Ihr Unterbewusstsein wichtig, und es wird alles Schöne und Positive verstärkt wahrnehmen, wodurch Ihre Lebensqualität steigt

(Wie oft sprechen Sie z.B. über Krankheiten?)

Amygdala

Die Amygdala, ein Areal unseres Gehirns, beeinflusst unsere Wahrnehmung dadurch, dass sie alles, was wir erleben, bewertet und mit Gefühlen belegt. Menschen, die zwar genau dasselbe sehen, hören, tun usw., dieses jeweils anders wahrnehmen.

Beispiel 1:
Wenn Arbeiter mit einem Meißel Steine bearbeiten, kann der Eine wahrnehmen: „Ich muss Steine klopfen" und der Andere kann wahrnehmen: „Ich darf einen Dom bauen".

Beispiel 2:
Ein Mann springt ins Wasser, um einen Ertrinkenden zu retten.

Mögliche Wahrnehmung:

- Der ist mutig.
- Der ist wahnsinnig.
- Der ist verrückt.
- Der ist leichtsinnig usw.

Mögliche Bewertung:

- Der macht das nur, um als Held zu erscheinen.
- Der denkt an sein himmlisches Bankkonto.
- Der weiß sicher, dass der Ertrinkende Millionär ist.
- Der Ertrinkende ist ein Verwandter von ihm usw.

Jeder Beobachter erlebt diese Scene ganz anders. Wir können kein Buch lesen, kein Bild anschauen, kein Gespräch führen, ohne dass unser Erfahrungsgedächtnis dieses Erlebnis bewertet und emotional belegt. Das bedeutet z.B. auch, dass Sie einen Menschen, den Sie kaum kennen, durchaus sympathisch oder unsympathisch finden können. Diese Ersteinschätzung hat relativ wenig mit diesem Menschen zu tun, sondern wesentlich mit der Einstellung Ihrer Amygdala zu diesem Menschen.

Unser Gehirn erfindet bzw. konstruiert unsere Wirklichkeit.

Wir leiden nicht an der Realität, sondern an unserer Wirklichkeit .

Watzlawick

Realität und Wirklichkeit:

Deutlich wird der Unterschied zwischen Realität und Wirklichkeit an der folgenden kleinen Fabel:

Auf einem Hügel über einer Stadt sitzt ein alter Mann.

Ein Wanderer fragt ihn: „Wie sind die Menschen in dieser Stadt?"
Der alte Mann fragt zurück:
„Wie waren die Menschen in der Stadt, aus der Du kommst?"
Antwort: „Die waren falsch, unhöflich, neidisch usw."

Da antwortete der alte Mann:
„Die Menschen in der Stadt da unten sind genauso."

Ein anderer Wanderer fragt den alten Mann:
„Wie sind die Menschen in dieser Stadt?"
Der alte Mann fragt zurück:
„Wie waren die Menschen in der Stadt, aus der Du kommst?"
Antwort: „Die waren ehrlich, offen, hilfsbereit usw."

Da antwortete der alte Mann:
„Die Menschen in der Stadt da unten sind genauso."

Wenn Sie als Führungskraft Verantwortung für Mitarbeiter haben, müssen Sie sich immer die Frage stellen:
„Ist der Mitarbeiter schlecht, weil ich ihn nicht mag?"
oder: „Mag ich ihn nicht, weil er schlecht ist?"

Sie werden feststellen, dass diese Frage sehr schwer zu beantworten ist. Mit einem „Sparringspartner" fällt das leichter.

Konflikt

Wenn wir davon ausgehen, dass unsere Wahrnehmung, d.h. unsere Wirklichkeit, die einzig richtige ist und wir nicht realisieren, dass ein anderer Mensch genauso überzeugt sein kann, dass seine Wirklichkeit, die einzig richtige ist, kommt es zu einem Konflikt.

Einen Konflikt kann man auch
als die Kollision von zwei Wirklichkeiten definieren.

Solche Konflikte können Sie bewältigen, wenn Sie akzeptieren, dass andere Menschen genauso ein Recht auf Ihre Wirklichkeit haben, wie Sie selbst, und Sie sollten sich dann mit dem Gesprächspartner darüber austauschen.

Es gibt meine Wirklichkeit, Deine Wirklichkeit und die Realität.

Menschen, die ihre eigene Wirklichkeit an die Wirklichkeit bzw. an die Vorurteile ihres sozialen Umfelds anpassen, gelten als normal.
(Die Wahrnehmung wird wesentlich durch Vorurteile beeinflusst.)

Wahrnehmung und Persönlichkeit

Achten Sie einmal darauf, was eine Person über einen anderen Menschen oder eine Situation berichtet. Meist berichtet sie nur das, was sie wahrgenommen hat bzw. was ihr selbst in ihrem Unbewussten wichtig ist. Sie erfahren also mehr über deren eigene Einstellung zu der beobachteten Situation als über die Situation selbst. Einem Gespräch unter diesen Überlegungen zuzuhören, kann sehr spannend sein.

Wenn Peter über Paul spricht,
sagt er mehr über Peter als über Paul

Wenn Sie einmal darauf achten, was Ihnen bei anderen auffällt, lernen Sie einiges über sich selbst.

Wahrnehmung: Konsequenzen

Welche Konsequenzen hat die Tatsache, dass die Wahrnehmung eine je subjektive Interpretation der Realität darstellt?

- Wir müssen die Wirklichkeit anderer als Tatsache akzeptieren,
  d.h. dass unsere eigene Wirklichkeit nicht besser oder höherwertiger ist als die der anderen.
- Wir müssen die Verantwortung für unsere Wahrnehmung übernehmen.
- Wir müssen unsere eigenen Wahrnehmungsfilter kennenlernen.
- Wir müssen bereit sein, durch Dialog die unterschiedlichen Wirklichkeiten realitätsdichter zu gestalten.

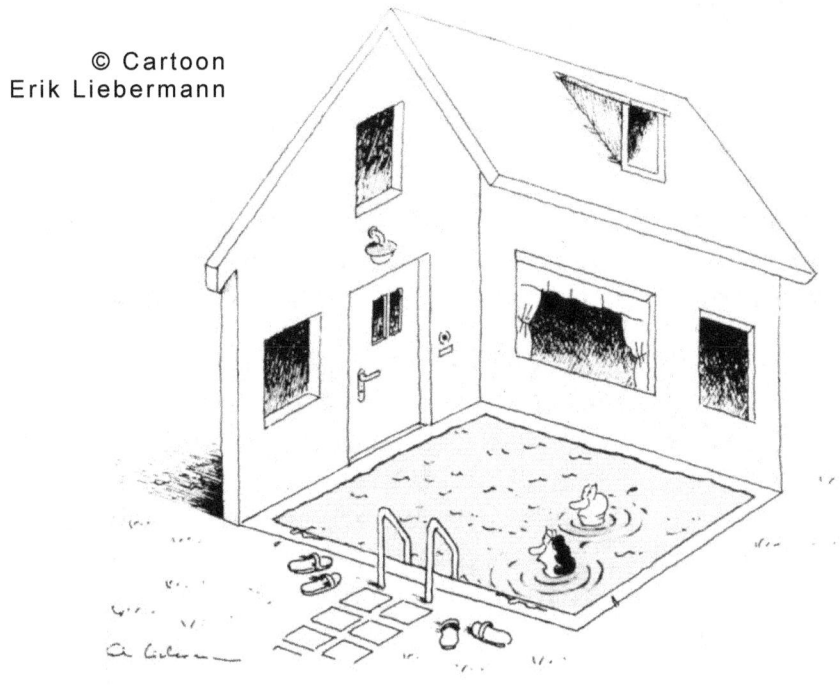

© Cartoon Erik Liebermann

Sie sind verantwortlich für Ihre Wahrnehmung

Denkzettel: Wahrnehmung

- **Du hast Dich ganz schön geändert, seit ich beschlossen habe, dich anders wahrzunehmen.**
- **Wenn Sie bewusst wahrnehmen, werden Sie ständig staunen.**
- **Wenn Sie beim Wahrnehmen bewusst Zahlen, Daten und Fakten registrieren, machen Sie aus Ihrer Wirklichkeit die Realität.**
- **Nehmen Sie bewusst alles wahr, was schön, gut und positiv ist.**
- **Genießen können Sie nur, wenn Sie bewusst wahrnehmen**
- **Ihre Wahrnehmung entscheidet darüber, wie Sie sich fühlen.**
- **Nehmen Sie Freunde bewusst als Freunde wahr.**

Work-Balance

Ersetzen Sie „Work-Life-Balance" durch „Work-Balance"

Viele Menschen kommen von der Arbeit müde, abgespannt und ausgelaugt nach Hause und müssen einen Teil Ihrer Freizeit dazu benutzen, um sich von der Arbeit zu erholen.

Der Gedanke der „Work-Life-Balance" geht davon aus, dass die „Arbeit" und das „Leben" in der Balance sind; d.h. dass in der Freizeit die Defizite, die die Arbeit mit sich bringt, kompensiert werden. Sie selbst sollten Ihre „Work-Balance" jedoch so gestalten, dass bereits während Ihrer Arbeit die Belastung und die Entspannung im Gleichgewicht sind. Ihre Leistungsdichte nimmt dadurch zu und gleichzeitig steigt Ihre Arbeitsfreude.

Es ist wichtig, dass Sie Ihre Arbeit oder die Erledigung Ihrer Aufgaben so gestalten, dass Sie befriedigt und zufrieden Ihren Arbeitsplatz verlassen. Dann können Sie unbelastet Ihre Freizeit nutzen, um zu leben und das Leben zu genießen.

Hier finden Sie einige Vorschläge, die es Ihnen ermöglichen, ausgeglichen und „freizeitfähig" von Ihrer Arbeit nach Hause zu kommen.

Gestalten Sie Ihren Arbeitsbeginn sinnvoll

Wie Sie Ihren Arbeitstag beginnen, trägt wesentlich zum Erfolg dieses Tages bei.

- Machen Sie ein Ranking von den wichtigsten Dingen, die Sie an dem Tag erledigen wollen und erledigen Sie diese auf alle Fälle.

- Überlegen Sie sich eine Abwechslung, d.h. etwas, was Sie gerne tun, was Ihnen Spaß macht usw., was Sie tun werden, wenn Sie einen „Durchhänger" haben, wenn Sie frustriert oder lustlos sind.

- Überlegen Sie sich eine Belohnung, die Sie sich gönnen, wenn Sie etwas Schwieriges erfolgreich erledigt haben oder etwas erledigt haben, das Sie lange aufgeschoben haben usw.
- Erledigen Sie das Unangenehmste, das an diesem Tag ansteht, als erstes. Belasten tut uns nur das, was vor uns liegt, nicht das, was wir erledigt haben.

Schließen Sie Ihre Arbeit erfolgreich ab

Um einen ruhigen und von den Altlasten der Arbeit befreiten Abend verbringen zu können, nehmen Sie sich, bevor Sie den Schreibtisch verlassen, noch 5 Minuten Zeit und überlegen, was Ihre wichtigsten Erfolge an diesem Tag waren. Allein das lässt Sie schon viel entspannter zuhause ankommen. Für den - Ihrer Meinung nach wichtigsten Erfolg - machen Sie dann noch eine Erfolgsanalyse.

Wenn Sie sich dann noch die Prioritäten für den nächsten Tag überlegen, können Sie beruhigt in den Abend gehen und sind in der Lage, auf die Belange Ihrer Angehörigen einzugehen. Gelegentlich werden Sie feststellen, dass Ihr Unterbewusstsein über Nacht Ihre Prioritäten geändert oder erweitert hat. Glauben Sie Ihrem Unterbewusstsein, es hat immer recht.

Arbeiten Sie „eigen-sinnig"

Eigen-Sinn meint die Bedeutung, die Sie selbst Ihrer jeweiligen Tätigkeit geben. Für Ihre Work-Balance ist es wichtig, dass diese Bedeutung positiv und förderlich ist und dass Sie sie selbst entwickeln und akzeptieren.

Sie können praktisch allen Aufgaben einen Eigen-Sinn geben. Wenn Sie eine Sinngebung an die nächste knüpfen, können Sie zufrieden und entspannt Ihren Arbeitsplatz verlassen.

Beispiel: Eine langweilige Besprechung oder einen Smalltalk mit uninteressanten Leuten können Sie nutzen, um z.B.:

- Zuhören zu trainieren
- Körpersprache zu beobachten
- Gewissheiten von Menschen zu analysieren
- Die Kongruenz von Sprache und Körpersprache zu analysieren
- usw.

Der Eigen-sinn, den Sie Ihrer Arbeit geben, entscheidet, ob Sie „Steine schleppen" oder „Ihr eigenes Häuschen bauen".

Sagen Sie bewusst „Nein"

„auf Sie zukommt, ist die Versuchung groß, diesem Menschen einen Gefallen zu erweisen und die Aufgabe zu übernehmen.

Es gibt viele gute Gründe dafür, solche Bitten anzunehmen:

- Sie bekommen Anerkennung
- Der Bittsteller ist Ihnen dankbar
- Sie fühlen sich wichtig
- Sie können mitreden
- usw.

Lehnen Sie es ab, Dinge zu tun, die für Sie unzumutbar und/oder unwichtig sind! Das schützt Sie vor Überlastung: „Einem willigen Esel packt jeder etwas drauf."

Wenn Sie „nein" sagen, erleben Sie, dass die Akzeptanz Ihrer Person steigt, und die Qualität Ihrer Arbeit zunimmt.

„Nein"-Sagen ist darüber hinaus eine wesentliche Komponente zur Steigerung Ihres Selbstwertgefühls.

Sorgen Sie für regelmäßige Regeneration

Wenn Ihre Leistungskurve sehr weit nach unten gefahren ist, ist der Aufwand für die Regeneration verhältnismäßig höher, als wenn Sie die Regeneration deutlich früher machen würden, z.B. bereits bei einer Leistungsreserve von vielleicht 50%.

Um Ihre effektive Leistungsfähigkeit zu erhalten, ist es wichtig, dass Sie ihre Regeneration bewusst planen.

Eine sinnvolle Pausen-Organisation wäre:
- Alle 20 Minuten: 1 Minute
- Alle 60 Minuten: 5 Minuten
- Alle 180 Minuten: 20 Minuten Pause

Verbringen Sie die Pausen grundsätzlich aktiv mit etwas, was Sie gerne tun und was Ihnen Spaß macht.

Lassen Sie sich bei der Arbeit nicht stören

Wenn Sie konzentriert arbeiten und es kommt eine Störung (ein Anruf, ein Besucher, eine E-Mail usw.) dann dauert die Störung vielleicht nur 2-3 Minuten, aber Sie brauchen mehr Zeit, um gedanklich wieder auf dem Niveau zu sein, auf dem Sie vor der Störung waren.

Wenn Sie oft beim Arbeiten gestört werden, können Sie bald überhaupt nicht mehr konzentriert arbeiten.

Maßnahmen gegen Störungen:

- Verkünden Sie störungsfreie Sperrzeiten

- Sagen Sie „Nein", d.h. weisen Sie den Störer ab

- Arbeiten Sie in der Isolation, d.h. z.B. in einem freien Besprechungsraum usw.

- Arbeiten Sie antizyklisch; d.h. fangen Sie früher an (und hören dafür früher auf) oder arbeiten Sie, wenn Ihre Kollegen nachhause gegangen sind.

Vermeiden Sie Misserfolgsanalysen

Ursachenanalyse bei Misserfolg hat folgende Nachteile:

- Sie entwickeln ein schlechtes Gefühl oder Gewissen
- Ihre Kreativität wird auf Reparieren der vermeintlichen Ursache eingeschränkt
- Ihr Selbstwertgefühl wird reduziert und Sie missbrauchen Ihre Intelligenz, um sich vor sich und anderen zu rechtfertigen

Wenn etwas schiefgegangen ist, verwenden Sie ihre Intelligenz, um einen neuen Weg, eine andere Lösung oder eine neue Vorgehensweise zu finden - dann brauchen Sie in der Regel keine Ursache und keinen Schuldigen mehr.

Machen Sie regelmäßig Erfolgsanalysen

Es ist wichtig, dass Sie nach erfolgreich abgeschlossenen Aktivitäten analysieren, welche eigenen Stärken, d.h. Eigenschaften. Vorgehensweisen, Fähigkeiten, Verhaltensweisen, Techniken Strategien, usw. zum Erfolg geführt oder beigetragen haben.
(Am wirkungsvollsten geht das im Alpha-Zustand.)
Daraus lernen Sie Ihre Stärken kennen und können Erfolgsstrategien für die Zukunft entwickeln.

Darüber hinaus leisten das Registrieren und Analysieren von Erfolgen einen wesentlichen Beitrag zur Stabilisierung des Selbstwertgefühls.

Wenn Sie die Ergebnisse Ihrer Erfolgsanalysen in Ihr „Erfolgsjournal" eintragen, erhalten Sie ein Stärkenprofil, das Sie in die Lage versetzt, bei neuen Herausforderungen sofort zu entscheiden, ob Sie diese annehmen können oder nicht.

Formulieren Sie Ihr Arbeitsziel selbst

Wenn Sie eine Aufgabe übernehmen oder übertragen bekommen, formulieren Sie selbst das Arbeitsziel und lassen sich bestätigen, dass Sie die Aufgabe richtig verstanden haben. So können Sie Missverständnisse vermeiden. Das Arbeitsziel formuliert immer der Mitarbeiter, der die Aufgabe erledigt.

Die Steigerung von gut ist: „gut genug"

Machen Sie nichts besser, schöner, genauer usw. als unbedingt nötig!

Planen Sie alles, was, Ihnen wirklich wichtig ist.

Jeder Mensch nimmt sich für das Zeit, was ihm wichtig ist. Wenn Ihnen Funktionieren wichtig ist, haben Sie sich aufgegeben. Viele Menschen beklagen sich darüber, dass Sie zu wenig Zeit für ihre Kinder, ihre Familie, ihre Freunde, kulturelle Veranstaltungen, für Sport, ihre Erholung, usw. haben, weil der Beruf, die Rahmenbedingen, das politische Mandat, bzw. Ihre Aufgaben usw., es nicht zulassen.

Überlegen Sie sich in Ruhe, was Ihnen persönlich wirklich wichtig ist und tragen Sie diese „Termine" mit Ihren Kindern, mit Freunden, Ihre „Stille Stunde", den Konzertabend usw. genauso in Ihren Terminkalender ein, wie die Abteilungsbesprechung oder den Termin mit einem wichtigen Kunden, und behandeln Sie diese Termine als Sperrzeit.

Rufen Sie zurück

Das Telefon ist an vielen Arbeitsplätzen einerseits das wichtigste Kommunikationsmittel, andererseits der häufigste Störfaktor.

Alle Anrufe, die Sie nicht annehmen, sondern hierfür einen Rückruf vereinbaren, stören nicht mehr, und Sie kommen vom Reagieren ins Agieren.

Voraussetzung für ein effektives Telefonmanagement ist eine ABC-Analyse der Anrufer: A-Anrufer nehmen Sie immer an, B-Anrufer rufen Sie zurück, C-Anrufer wimmeln Sie ab.

Voraussetzungen für einen erfolgreichen Rückruf sind:

- Name und Telefonnummer sind bekannt
- Das Thema ist bekannt
- Ein präziser Termin für den Rückruf ist vereinbart

Vorteile eines Rückrufs sind:

- Sie können die Zeit planen
- Sie können sich vorbereiten
- Das Gespräch wird kürzer und qualitativ besser

Richten Sie Kontaktzeiten ein

Verkünden Sie Kollegen, Freunden, Kunden die Zeiträume, in denen Sie durch Besuche, Anrufe usw. wenig gestört werden und in denen Sie telefonisch erreichbar sind bzw. Besuche akzeptieren.

Richten Sie Sperrzeiten ein

Verkünden Sie Kollegen, Freunden, Kunden Zeiträume, in denen Sie nicht gestört werden wollen.

Feiern Sie Ihre Erfolge

Wenn Sie einen Erfolg erreicht haben, erzählen Sie ihn Ihren Freunden und Kollegen und feiern ihn entsprechend.

Richten Sie eine persönliche Sperrzeit ein

Nehmen Sie sich jeden Tag 5-10 Minuten Zeit, um in Ruhe persönliche strategische Überlegungen anzustellen.

Solche Überlegungen könnten sein:

- Wen will ich wieder mal anrufen?
- Welches Buch will ich lesen?
- Was will ich meinen Kindern sagen?
- Wen will ich besuchen?

- Welche Innovation will ich mir genau ansehen?
- Welche Veranstaltung will ich besuchen?
- Bei wem will ich meine Ergebnisse noch verkaufen?
- usw.

Wenn Sie die Ergebnisse Ihrer Überlegungen in eine To-Do-Liste eintragen, fördert das Ihre persönliche Entwicklung. Sie müssen allerdings damit rechnen, dass diese 5 Minuten Ihr Leben verändern.

Erzählen Sie Ihren Kollegen und Freunden Ihre Ziele.

Egal, was Sie vorhaben, ein neues Projekt, eine neue sportliche Betätigung, eine Sprache, die Sie lernen wollen, erzählen Sie es möglichst vielen Kollegen und Freunden, dann fällt es Ihnen nicht mehr so leicht, dieses Vorhaben zu „vergessen".

Machen Sie Arbeitsschotten zur Gewohnheit

Jede Aktivität, die Sie unterbrechen - gleichgültig, ob durch eine externe Störung oder durch eine eigene Entscheidung - bedarf bei der Wiederaufnahme dieser Aktivität einer gewissen Anlaufzeit. Das ist echter Zeitverlust.

Um die spätere Anlaufzeit zu verkürzen, ist es wichtig, die Aktivität vor der Unterbrechung durch „Arbeitsschotten" zu einem relativen Abschluss zu bringen.

Den relativen Abschluss einer Aktivität können Sie dadurch erreichen, indem Sie die Störung 3-5 Sekunden hinauszögern. In dieser Zeit haben Sie die Möglichkeit, die letzten Gedanken festzuhalten, den letzten Gesprächsbeitrag zusammenzufassen, ein Stichwort zu unterstreichen usw. Die Anlaufzeit nach Beendigung der Störung wird dann wesentlich kürzer.

Arbeitsschotten sind sinnvoll bei: Besuchern, Telefonaten, Lektüre, Wechsel von Aktivitäten, Arbeitsende, bei jeder Aktivität, usw.

Betrachten Sie Arbeitszeit nicht quantitativ, sondern qualitativ

Jede Aktivität benötigt genau so viel Zeit, wie Sie ihr zur Verfügung stellen. Überlegen Sie vor jeder Aktivität, wie viel Zeit diese Ihnen wert ist

Pflegen Sie Ihre positiven Gefühle

Positive Gefühle erhöhen den Tonus des Nervus Vagus und damit die Arbeitsfähigkeit und Arbeitswilligkeit. Der Vagus Nerv verbindet Körper und Psyche.

Nehmen Sie jede Gelegenheit wahr, um mit Kollegen zu lachen. Lachen Sie viel miteinander, aber nie übereinander. Am gesündesten ist es, wenn Sie über sich selbst lachen.

Sprechen Sie beim Kaffeetrinken und Mittagessen nicht über die Arbeit, Krankheiten, unangenehme Freunde und Kollegen und andere negative Themen, sondern über alles, was Spaß macht, schön ist und das Sie genießen können.

- Vermeiden Sie Meckerrunden.
- Vermeiden Sie selbst alle negativen Gedanken.
- Achten Sie darauf, dass die gegenseitige Wertschätzung und der Respekt gewahrt werden.
- Verhindern Sie, dass schlecht oder negativ übereinander oder über Ihr Unternehmen gesprochen wird.

Arbeiten Sie entspannt

Wenn Sie angespannt sind, ist der Adrenalinpegel in Ihrem Körper höher, die Denkfähigkeit und die Leistungsdichte sind reduziert.

Wenn Sie entspannt und gelassen arbeiten, ist dagegen Ihre Leistungsdichte wesentlich höher.

Wenn Sie eine Entspannungstechnik lernen (Autogenes Training, Mentale Entspannung, Fantasiereise o.ä.), haben Sie die Möglichkeit, sich, wenn Sie erschöpft sind, 5 Minuten in einen ruhigen Raum oder einen Entspannungsraum zurückzuziehen und die Batterien wieder voll aufzuladen. Vor einer wichtigen Arbeitsphase können Sie mit 2 Minuten Kurzentspannung Ihren Arbeitsspeicher im Gehirn leeren und voll konzentriert und aufnahmefähig das neue Thema angehen. Wenn Sie regelmäßig eine Entspannungstechnik praktizieren, werden u.a. Ihre Kreativität und Ihre Intuition deutlich zunehmen.

Gestalten Sie Ihren Erfolg

Es gibt keinen Zusammenhang zwischen aufgewendeter Zeit und Erfolg.

Ihr Erfolg liegt nicht darin, wie viel Sie arbeiten, sondern, wie viele wichtige Aufgaben Sie erledigen; d.h. denken und arbeiten Sie ständig in Prioritäten. Arbeiten macht mehr Spaß, wenn Sie erfolgreich sind.

Selbst, wenn Sie nur einige der Vorschläge umsetzen, werden Sie feststellen, dass Ihre Freizeit an Qualität und Quantität zunimmt.

© Cartoon
Erik Liebermann

Wenn Ihnen die Arbeit Spaß macht, sind Sie besser

Denkzettel: Work Balance

- **Machen Sie Ihre Arbeit zum Aktivurlaub**
- **Beachten Sie bei Ihrer Arbeit alles Schöne, Gute, Positive**
- **Seien Sie ein intelligenter und fauler Mitarbeiter**
- **Überlegen Sie sich nach einer ungeliebten Arbeit eine Belohnung**
- **Nehmen Sie Ihre Arbeit wichtig, aber nicht ernst**
- **Sie entscheiden ob Sie Ihre Arbeit gerne machen**
- **Beginnen Sie jeden Tag energisch und lustvoll**
- **Machen Sie eine Liste mit den Arbeiten, die Sie gerne tun**
- **Erzählen Sie von Ihrer Arbeit nur Positives**
- **Erledige das Schwierigste zuerst**

www.ingramcontent.com/pod-product-compliance
Lightning Source LLC
LaVergne TN
LVHW081455060526
838201LV00051BA/1805